RACIONALIDAD IRRACIONALIZADA

REFLEXIONES

TEORIA DE JUEGOS CONDUCTUAL

Indice

Introducción: A la Búsqueda de la Racionalidad en lo Irracional

Capítulo 1: Las Promesas y los Límites de la Racionalidad Clásica en Mi Primera Inversión

Capítulo 2: La Trampa del Exceso de Confianza y el Sesgo de Validación en la Expansión de Mi Agencia Inmobiliaria

Capítulo 3: La Aversión a la Pérdida y el Miedo a Soltar en Mis Inversiones de Propiedades

Capítulo 4: La Trampa del Efecto de Marco y la Influencia del Contexto en Mis Decisiones de Inversión

Capítulo 5: La Ilusión de Control y la Falacia de la Seguridad en la Toma de Decisiones

Capítulo 6: El Sesgo de Anclaje y el Poder de las Primeras Impresiones en la Toma de Decisiones

Capítulo 7: La Procrastinación y el Sesgo del Presente en la Toma de Decisiones

Capítulo 8: El Sesgo de Disponibilidad y la Tendencia a Sobreestimar la Información Reciente

Capítulo 9: La Comparación Social y el Impacto Invisible de los Logros de los Demás en Nuestras Decisiones

Capítulo 10: El Sesgo de Confirmación y la Tentación de Validar Nuestras Creencias

Capítulo 11: La Trampa del Costo Hundido y el Atrapamiento en Decisiones del Pasado

Capítulo 12: La Trampa del Exceso de Confianza y la Ilusión de Competencia

Capítulo 13: La Paradoja de la Elección y el Agotamiento Decisional

Capítulo 14: La Ilusión de Control y la Tentación de Manipular el Incontrolable

Capítulo 15: La Influencia de las Expectativas y el Peso Invisible de la Anticipación

Capítulo 16: El Peso del Compromiso y la Dificultad de Renunciar a una Decisión

Capítulo 17: El Anhelo de Consistencia y la Trampa de la Coherencia Interna

Capítulo 18: La Trampa del Análisis Excesivo y el Parálisis por la Evaluación Infinita

Capítulo 19: La Ilusión de Independencia y la Influencia Inconsciente del Entorno Social

Capítulo 20: El Sesgo de Resultado y la Tentación de Juzgar las Decisiones Solo por sus Consecuencias

Capítulo 21: La Euforia del Éxito y el Sesgo de Autoconfianza Excesiva

Capítulo 22: La Aversión a la Pérdida y el Temor Paralizante de Dejar Ir

Capítulo 23: El Dilema del Prisionero y la Revalorización de la Cooperación desde la Teoría de Juegos Conductual

Capítulo 24: El Juego del Ultimátum y la Influencia de la Justicia en las Decisiones Económicas

Capítulo 25: El Juego de la Confianza y la Fragilidad de la Cooperación

Capítulo 26: El Juego de Coordinación y la Complejidad de las Expectativas Mutuas

Capítulo 27: El Juego del Polizón y los Desafíos de la Colaboración sin Compromiso Total

Capítulo 28: El Juego de Señales y la Importancia de la Percepción en las Relaciones de Confianza

Capítulo 29: El Juego de la Gallina y la Tentación de la Rivalidad en Decisiones Competitivas

Capítulo 30: El Juego de la Negociación y la Trampa de la Rigidez en las Expectativas

Capítulo 31: El Juego de los Recursos Comunes y la Tentación de la Explotación a Corto Plazo

Capítulo 32: El Juego del Bien Público y la Motivación para Contribuir Más Allá del Interés Personal

Capítulo 33: El Juego del Compromiso y la Búsqueda de Equilibrio entre Autonomía y Cooperación

Capítulo 34: La Decisión de Ceder y el Reto de Elegir la Paz sobre el Orgullo

Capítulo 35: El Valor de las Decisiones Sin Ganancia Inmediata y la Paciencia Estratégica

Capítulo 36: La Fragilidad del Éxito y la Necesidad de Reajustar Constantemente el Rumbo

Capítulo 37: El Peso Invisible del Éxito y el Temor a Perder lo Ganado

Capítulo 38: Mirando al Futuro: La Evolución del Éxito y el Juego de las Decisiones Inciertas

Capítulo 39: La Teoría de los Juegos Repetidos y la Construcción de una Vida con Propósito

Capítulo 40: Epílogo - Jugar el Juego de la Vida con Humildad, Curiosidad y Propósito

Epílogo: Vivir el Juego de la Vida

Prólogo: El Punto de Partida hacia el Descubrimiento

Hubo un momento en mi vida en el que creía que las decisiones eran solo eso: elecciones que tomamos para avanzar, para lograr algo, para movernos de un punto A a un punto B. Veía el mundo en términos de metas y resultados, de ganar y perder. Estaba convencido de que cada elección podía analizarse con frialdad, con lógica pura, y que siempre había una manera de maximizar el éxito si uno era lo suficientemente astuto. Pero, con el tiempo, algo comenzó a inquietarme. ¿Por qué, a pesar de todo ese cálculo, había decisiones que no me llevaban donde pensaba, momentos en los que, aunque me sentía convencido de haber hecho lo correcto, el resultado era un vacío inesperado o una duda latente?

Ese punto de inflexión me llevó a explorar la teoría de juegos clásica, buscando respuestas en un conjunto de reglas y estrategias que, en su aparente simplicidad, parecían prometer claridad. Y así, comenzó este viaje de autodescubrimiento. Sin embargo, pronto me di cuenta de que los principios de la teoría de juegos, con su enfoque en la racionalidad y la optimización, no lograban explicar la complejidad de mi experiencia real. Había factores que no cuadraban, elecciones que no parecían obedecer a ningún cálculo lógico. Fue entonces cuando, como un descubrimiento revelador, me encontré con la teoría de juegos conductual, y con ella, toda mi perspectiva sobre las decisiones y la vida empezó a transformarse.

La teoría de juegos conductual ofrece una mirada distinta; no solo incluye el cálculo racional, sino también las emociones, las expectativas y los sesgos que afectan nuestras decisiones. Este enfoque me permitió ver que no somos solo jugadores buscando maximizar resultados, sino seres humanos con miedos, deseos, inseguridades y aspiraciones que van mucho más allá de una simple ecuación de beneficio y pérdida. A través de esta teoría, empecé a entender mis propios impulsos, los momentos en los que actué en contra de mi lógica porque algo más profundo estaba guiando mi camino.

Este libro no es solo un análisis de la teoría de juegos conductual. Es una exploración personal de las decisiones que he tomado, de los momentos en los que la lógica se encontró con la emoción, y de las veces en las que, al mirar atrás, me pregunté si habría elegido lo contrario de haber entendido mejor los factores ocultos en cada elección. Es una invitación a ver la vida no solo como una serie de decisiones frías y calculadas, sino como un viaje en el que cada elección nos enseña algo sobre nosotros mismos, sobre nuestros límites y sobre lo que realmente valoramos.

Al embarcarte en estas páginas, te invito a acompañarme en este proceso de reflexión y de aprendizaje. A través de mis experiencias y de los conceptos que la teoría de juegos conductual ofrece, veremos cómo nuestras decisiones, muchas veces, no son tan racionales como creemos, y cómo detrás de cada movimiento hay una historia más profunda, una historia de búsqueda, de duda y de crecimiento. Este es un recorrido que no tiene un destino final, porque en la vida, cada decisión, cada reflexión, abre una puerta hacia algo más, hacia una comprensión más amplia de lo que significa estar vivo.

Espero que este viaje te inspire a mirar tus propias decisiones con nuevos ojos, a explorar las razones más allá de lo evidente y a descubrir que, a veces, la respuesta no está en el resultado, sino en el proceso mismo de elegir, de equivocarse, de aprender y de avanzar. Porque al final, este es el verdadero juego de la vida: una serie de elecciones que nos llevan, de manera inesperada, hacia una versión de nosotros mismos que, hasta **entonces, desconocíamos.**

Agradecimientos

Escribir este libro ha sido un viaje transformador, una inmersión profunda en mi propia historia y en el proceso de entender la vida desde una perspectiva que alguna vez creí inaccesible. Hoy, al llegar a este punto, no puedo sino sentir gratitud por todas las personas, ideas y descubrimientos que me han acompañado y guiado en este recorrido.

Quiero agradecer, en primer lugar, a los grandes pioneros de la economía conductual y de la teoría de juegos, cuyas mentes brillantes han iluminado un camino que, sin duda, cambió la forma en que comprendemos el comportamiento humano y las decisiones.

A Richard Thaler, cuyo trabajo en la teoría de los "empujones" o **nudges** me mostró que la racionalidad está matizada por los sesgos y la psicología, y que nuestras decisiones no son tan claras como solemos creer. Gracias a Daniel Kahneman, por su trabajo junto a Amos Tversky en la **teoría de las perspectivas**, y por demostrar que nuestras elecciones están condicionadas por una aversión a la pérdida que desafía la lógica pura y nos define en la incertidumbre. Estos descubrimientos se han convertido en una guía constante a lo largo de este libro y me han ayudado a comprenderme a mí mismo en momentos en que mis decisiones parecían carecer de sentido.

A Robert Shiller y George Akerlof, quienes con su investigación sobre **expectativas irracionales** y las dinámicas del comportamiento en los mercados financieros me enseñaron a ver mis propias decisiones económicas con una mirada crítica y a entender cómo las emociones colectivas influyen en la economía tanto como los números. A Herbert Simon, que nos regaló el concepto de **racionalidad limitada**, y me hizo ver que la mente humana, en su esfuerzo por decidir, se enfrenta a barreras que limitan lo que es posible saber y prever, empujándonos a vivir en una constante adaptación.

También, mi gratitud va hacia los fundadores de la teoría de juegos clásica, aquellos que trazaron el camino que luego conduciría a la teoría de juegos conductual. A John Nash, cuyo equilibrio de Nash fue un pilar en el entendimiento de cómo cada jugador encuentra un punto de estabilidad dentro de las decisiones de los demás, y que me ayudó a ver mis propias interacciones como un equilibrio de expectativas, intereses y concesiones. A John von Neumann y Oskar Morgenstern, quienes sentaron las bases de la teoría de juegos como una herramienta para comprender la cooperación y la competencia, y quienes, con su enfoque visionario, nos enseñaron que cada decisión es parte de un sistema más amplio, de un juego donde nuestras elecciones impactan y responden a las elecciones de otros.

En esta lista de agradecimientos, no podría faltar Robert Axelrod, cuyo estudio sobre la **cooperación en juegos repetidos** me enseñó la importancia de la reciprocidad y de construir relaciones basadas en confianza y colaboración. Y, por supuesto, debo mencionar a

Thomas Schelling, cuya teoría sobre los conflictos y su enfoque en las negociaciones estratégicas me ayudaron a ver mis propias interacciones con otros como espacios donde el diálogo y la empatía pueden transformar el conflicto en cooperación.

Sin embargo, quizás el agradecimiento más personal sea hacia mí mismo, hacia esa parte de mí que no se conformó con lo evidente y que, a pesar de las dudas, tuvo la voluntad de mirar hacia adentro en busca de respuestas. Ha sido un camino de autodescubrimiento lleno de interrogantes, de momentos de incertidumbre y de elecciones que, al final, se transformaron en aprendizajes valiosos. Quiero reconocer el impulso que me llevó a cuestionar, a explorar, a enfrentar las decisiones que una vez tomé con una mente abierta y a descubrir que, en el proceso de analizar mi historia, también estaba construyendo una nueva versión de mí mismo.

Gracias a la vida, por las oportunidades de aprendizaje que me ha dado a través de cada persona que he encontrado en este camino, y a cada experiencia que, aunque en su momento no comprendí plenamente, ha sido fundamental en mi evolución. Este libro es, en parte, una carta de gratitud a todas esas influencias, a esos momentos de inspiración que no solo me mostraron una nueva perspectiva sobre las decisiones, sino que también me permitieron verme con mayor compasión y comprensión.

Gracias a quienes lean estas páginas, por acompañarme en este viaje de exploración y por estar dispuestos a ver la vida no solo como una serie de elecciones calculadas, sino como una aventura llena de matices y significados.

Introducción: A la Búsqueda de la Racionalidad en lo Irracional

Al reflexionar sobre las decisiones que han marcado mi vida, desde las primeras inversiones hasta los cambios de trabajo y mis apuestas personales, surge una pregunta constante: ¿por qué, a pesar de haber seguido un camino aparentemente racional, los resultados muchas veces no estuvieron a la altura de mis expectativas? Durante mucho tiempo, creí que la teoría de juegos clásica me ofrecería las respuestas que buscaba, un manual que, aplicado con rigor, me permitiría tomar decisiones óptimas en cada circunstancia. La promesa de una racionalidad pura, de una fórmula que se impondría sobre la incertidumbre, me brindaba la seguridad que necesitaba. Pero en cada fracaso, en cada paso incierto, surgía una inquietud: ¿por qué la teoría de juegos, en su versión clásica, me parecía insuficiente para abordar la realidad de mis elecciones?

Descubrí en la teoría de juegos clásica, formulada por pioneros como John von Neumann y Oskar Morgenstern, un conjunto de reglas claras y lógicas, donde cada jugador actúa maximizando su utilidad con una precisión casi matemática. Sin embargo, en mis experiencias, esta teoría parecía dejar de lado una parte fundamental de la ecuación: la complejidad humana. Comencé a darme cuenta de que, en la vida real, las decisiones no son solo resultados de cálculos fríos. Nuestras emociones, sesgos y percepciones subjetivas intervienen en cada decisión, y fue esta dimensión oculta de la teoría clásica la que me llevó a explorar las ideas de economistas conductuales como Richard Thaler, Daniel Kahneman, Amos Tversky y Robert Shiller. Sus investigaciones, que dieron origen a la economía conductual, me hicieron ver que lo que había considerado "racionalidad" era, en realidad, un conjunto de ilusiones y simplificaciones.

Estos autores desafiaron la idea de que los seres humanos tomamos decisiones de manera perfectamente racional, revelando cómo nuestras elecciones están moldeadas por factores psicológicos que la teoría de juegos clásica no considera. Kahneman y Tversky, en particular, demostraron que nuestra mente, cuando se enfrenta a la incertidumbre, recurre a atajos mentales o heurísticas, sesgos que desvían nuestras decisiones de la racionalidad pura. Richard Thaler, por su parte, cuestionó la noción de que los jugadores siempre maximizan su utilidad de manera consistente, argumentando que nuestras decisiones están afectadas por impulsos irracionales y tendencias que se repiten en patrones predecibles. Esta visión, que al principio parecía opuesta a la teoría de juegos, me mostró que tal vez la racionalidad "irracionalizada" no era una contradicción, sino una realidad que debía integrar en mis decisiones.

Empecé a comprender que la economía conductual no era simplemente un complemento, sino una revolución en la forma de entender la toma de decisiones. A través de este libro, pretendo explorar cómo, en cada una de mis experiencias —mis inversiones, mis cambios de rumbo, los negocios que emprendí y los que abandoné— se refleja una lucha entre la teoría clásica y una realidad más compleja y emocional. Al integrar los conceptos de la economía conductual y la programación neurolingüística (PNL), descubrí que mis decisiones no estaban fallando por falta de análisis racional, sino porque la teoría de juegos clásica, con sus supuestos idealizados, no podía capturar las verdaderas dinámicas de la mente humana.

Este libro es, ante todo, una exploración de mi propio proceso de toma de decisiones. Cada capítulo será una reflexión profunda sobre los aspectos que moldearon mis elecciones, los errores y las lecciones que surgieron de cada experiencia. En cada una, examinaré cómo los principios de la teoría de juegos clásica se enfrentan a los descubrimientos de la economía conductual y cómo, al unir estos dos enfoques, nace una nueva teoría de juegos conductual que respeta tanto la lógica como la irracionalidad inherente en la mente humana. A través de estos relatos y análisis, invito al lector a sumergirse en mi mente, a sentir la incertidumbre, la frustración y, finalmente, el descubrimiento de una verdad que va más allá de la racionalidad idealizada.

Capítulo 1: Las Promesas y los Límites de la Racionalidad Clásica en Mi Primera Inversión

Mis primeras experiencias en el mundo de las inversiones fueron, sin duda, un despertar a la realidad. Recuerdo claramente el entusiasmo con el que decidí abrir una tienda de ropa y música. Era joven, idealista y tenía una confianza inquebrantable en la lógica. Había estudiado el mercado, analizado la demanda y diseñado un modelo de negocio que, en teoría, debía funcionar. Me sentía respaldado por la teoría de juegos clásica: siguiendo los principios establecidos por John von Neumann y Oskar Morgenstern en "Theory of Games and Economic Behavior", sabía que, al maximizar mis beneficios, estaba actuando de la manera más racional posible.

La teoría de juegos clásica plantea que cada jugador, al enfrentarse a una serie de opciones, evaluará todas las posibles consecuencias de sus elecciones y seleccionará aquella que le otorgue la mayor utilidad. En mi caso, había analizado mis opciones y había tomado la que consideraba óptima: invertir en un negocio que, según mis cálculos, me permitiría obtener ganancias estables. Sin embargo, a medida que el tiempo pasaba y la tienda comenzaba a enfrentar desafíos imprevistos, me di cuenta de que la teoría de juegos clásica había pasado por alto algo fundamental: la incertidumbre y la falta de información completa.

Fue en este punto donde empecé a explorar los estudios de Daniel Kahneman y Amos Tversky, quienes, en su obra "Judgment under Uncertainty: Heuristics and Biases", explican cómo la mente humana, al enfrentarse a situaciones complejas, recurre a heurísticas, es decir, a atajos mentales que, si bien pueden facilitar las decisiones, también introducen sesgos. **Kahneman y Tversky descubrieron que, en lugar de actuar con una racionalidad pura, los seres humanos tienden a simplificar sus opciones a través de estas heurísticas, lo que a menudo resulta en decisiones subóptimas**.

Al analizar mi decisión de abrir la tienda a través del lente de la economía conductual, comencé a ver cómo la teoría de juegos clásica había ignorado elementos clave de mi experiencia. En lugar de basarme exclusivamente en un análisis racional, había sido influido por el sesgo de optimismo, un fenómeno que me llevó a sobrestimar mis capacidades y a subestimar los riesgos. Este sesgo de optimismo, como lo explica Richard Thaler en "Misbehaving: The Making of Behavioral Economics", es una trampa común en la toma de decisiones empresariales, especialmente entre emprendedores, que se ven a sí mismos como capaces de superar cualquier obstáculo.

Fue una dura lección para mí: la teoría de juegos clásica, con su enfoque en la maximización de beneficios, me había hecho creer que si tomaba la decisión correcta, el éxito estaba asegurado. Pero la realidad era que mi percepción de "correcto" estaba distorsionada por mis propias expectativas y deseos. Al ver mis decisiones a través de los principios de la economía conductual, entendí que mi visión del mundo había sido moldeada por sesgos y emociones que la teoría de juegos clásica no contempla.

Aquí fue donde comencé a formular una teoría de juegos conductual, una teoría que no solo considere la utilidad y la racionalidad, sino también los sesgos, las emociones y los factores contextuales que realmente afectan nuestras decisiones. Esta teoría me permitió ver mis errores como parte de un proceso de aprendizaje, como un reflejo de las limitaciones humanas que necesitamos reconocer para tomar decisiones más conscientes.

Mientras mi tienda enfrentaba los altibajos del mercado, comencé a cuestionar otro de los pilares de la teoría de juegos clásica: el supuesto de la **información completa**. Según esta premisa, cada jugador en el juego tiene acceso a todos los datos relevantes necesarios para tomar una decisión informada. Esta idea es fundamental en el modelo de racionalidad clásica, ya que permite que cada decisión sea calculada en función de los resultados óptimos y de la maximización de beneficios. Sin embargo, la realidad me enseñó que la información rara vez es completa y que, en muchos casos, las decisiones se toman en condiciones de incertidumbre, con solo fragmentos de datos que nunca nos dan el panorama total.

Daniel Kahneman y Amos Tversky, en sus investigaciones sobre el comportamiento humano, demostraron que la incertidumbre y la falta de información llevan a las personas a usar heurísticas para llenar esos vacíos. Cuando tomé la decisión de abrir la tienda, había asumido, de manera implícita, que mis datos eran precisos y que podía prever el comportamiento de los clientes, el flujo de la demanda y los costos futuros. Pero la realidad fue mucho más volátil de lo que había anticipado, y esa volatilidad no era solo el resultado de factores externos, sino también de la manera en que mi propia mente procesaba la información. **Kahneman y Tversky describen** este fenómeno como una "ilusión de validez", donde tendemos a sobrestimar la precisión de nuestros juicios y análisis basados en datos limitados.

La "ilusión de validez" es una de las grandes limitaciones de la racionalidad clásica, y representa una de las principales razones por las que la teoría de juegos, en su versión tradicional, no es suficiente para explicar las decisiones reales. La economía conductual, en cambio, nos enseña que los jugadores (o, en este caso, los empresarios) no son máquinas de cálculo con acceso a información perfecta. La vida está llena de ambigüedad y de fragmentos de información que nos llevan a conclusiones apresuradas o incorrectas. Así, mi decisión de abrir la tienda fue una respuesta a una interpretación sesgada de la realidad, basada en información incompleta y en la falsa creencia de que podía prever todos los resultados.

Esta experiencia me llevó a una conclusión inevitable: la teoría de juegos clásica asume un nivel de control y certeza que simplemente no existe en la vida real. La economía conductual, al confrontar este mito de la información completa, nos invita a aceptar que siempre habrá vacíos en nuestro conocimiento y que, en última instancia, nuestras decisiones están moldeadas tanto por lo que sabemos como por lo que ignoramos.

Este descubrimiento me abrió las puertas hacia una forma de pensar radicalmente distinta. La economía conductual me ofrecía una lente a través de la cual podía reevaluar no solo mis errores, sino también los principios mismos de la teoría de juegos. Al integrar conceptos como los sesgos cognitivos, la incertidumbre y la influencia del contexto en el análisis de las decisiones, comencé a vislumbrar una nueva teoría de juegos, una teoría que no se basara exclusivamente en la racionalidad idealizada, sino que incorporara la realidad de la mente humana en sus modelos.

La **teoría de juegos conductual** que empecé a formular no se limitaba a predecir qué decisiones son las "óptimas" en términos matemáticos. En cambio, esta teoría buscaba explicar cómo, en situaciones de incertidumbre y emoción, las personas toman decisiones que a menudo parecen irracionales pero que, en el contexto de sus creencias y emociones, son perfectamente comprensibles. La economía conductual me enseñó que nuestras elecciones no son simplemente el resultado de una maximización de beneficios, sino una amalgama de expectativas, percepciones y miedos que desafían cualquier fórmula lógica.

Como explica Richard Thaler en "Nudge: Improving Decisions About Health, Wealth, and Happiness", la mente humana no es una máquina de cálculo perfecta, sino un organismo que responde a estímulos, emociones y sesgos de manera casi predecible. Thaler sostiene que, al entender estos patrones, es posible diseñar "empujones" o nudges que orienten nuestras decisiones hacia opciones más beneficiosas sin imponer una estructura rígida de racionalidad. En mi caso, si hubiera reconocido desde el principio la influencia de mis expectativas emocionales y de mi optimismo sesgado, probablemente habría tomado decisiones más prudentes o habría diseñado un sistema de apoyo que me permitiera revisar mis decisiones con una perspectiva menos sesgada.

La construcción de esta teoría de juegos conductual no fue un proceso inmediato. Fue el resultado de una serie de reflexiones profundas, de enfrentarme a mis propias limitaciones y de aceptar que la racionalidad pura es una ficción que la vida real rara vez permite. Al integrar los conceptos de la economía conductual, fui capaz de ver mis decisiones no como fracasos, sino como oportunidades de aprendizaje que me llevaban hacia una comprensión más completa de la mente humana y de la manera en que esta influye en cada aspecto de nuestra vida.

Al final, este capítulo en mi vida y en este libro es solo el comienzo de un viaje hacia una nueva perspectiva. La teoría de juegos conductual no es simplemente una alternativa a la teoría clásica; es una evolución, una herramienta que reconoce y respeta las limitaciones y complejidades de la mente humana. En lugar de aspirar a una racionalidad perfecta, esta teoría nos invita a aceptar nuestras emociones, sesgos y limitaciones como parte integral del proceso de toma de decisiones. En este sentido, cada inversión, cada elección y cada error se convierten en una lección que va más allá de los números y las fórmulas, hacia una comprensión profunda de quiénes somos y de cómo podemos navegar mejor el juego de la vida.

Capítulo 2: La Trampa del Exceso de Confianza y el Sesgo de Validación en la Expansión de Mi Agencia Inmobiliaria

Tras la experiencia inicial de mi primera tienda, pensé que había aprendido lo suficiente como para no repetir los mismos errores. Con una lección aprendida y un optimismo renovado, me lancé a un nuevo proyecto: una agencia inmobiliaria. El mercado estaba en auge, y en los primeros años, las cifras parecían darme la razón. Era fácil ver cómo mis decisiones parecían confirmar lo que la teoría de juegos clásica postulaba: al elegir las opciones que maximizaban mis beneficios, estaba alcanzando el éxito. Pero lo que en ese momento percibía como éxito, en realidad, estaba empezando a convertirse en una trampa de mi propia creación.

El **exceso de confianza** es una de las distorsiones más estudiadas en la economía conductual y uno de los factores que más impactan en la toma de decisiones empresariales. Richard Thaler, en "Misbehaving: The Making of Behavioral Economics", explora cómo este exceso de confianza, combinado con el sesgo de validación, crea una ilusión de control en los jugadores. Pensamos que podemos prever y manejar cada factor, que tenemos el conocimiento suficiente para minimizar cualquier riesgo. En mi caso, me convencí de que los errores del pasado eran solo escalones en mi camino hacia el éxito, y asumí que ya no caerían en mis decisiones futuras. Sin embargo, pronto aprendí que esta confianza no era más que una fachada que ocultaba mi vulnerabilidad a la incertidumbre y a la volatilidad del mercado.

La teoría de juegos clásica sugiere que, cuando un jugador cuenta con suficiente experiencia, su toma de decisiones se optimiza automáticamente al aprovechar las lecciones previas. En teoría, se vuelve más racional con el tiempo. Sin embargo, como describe Daniel Kahneman en "Thinking, Fast and Slow", el exceso de confianza y el sesgo de validación funcionan de manera contraria: el aprendizaje no siempre resulta en una toma de decisiones óptima, sino que muchas veces refuerza un falso sentido de competencia y dominio. **Kahneman sostiene que las personas, al enfrentarse a situaciones de éxito inicial, tienden a sobreestimar su capacidad para controlar el resultado, una falacia de la que no somos conscientes hasta que los errores nos obligan a ver nuestras limitaciones.**

Esta sobreconfianza fue especialmente evidente cuando comencé a expandir la agencia inmobiliaria. Los primeros resultados positivos me hicieron creer que estaba en control absoluto de cada decisión, de cada venta y de cada compra de propiedad. Pero lo que no vi fue que esta sensación de control era una ilusión creada por el contexto favorable del mercado, un contexto que pronto cambiaría y que pondría a prueba la estabilidad de mis decisiones. Esta confianza excesiva no solo influía en cómo percibía el riesgo, sino también en cómo interpretaba la información. Ignoraba señales de advertencia, me centraba en los datos que reforzaban mi percepción de éxito y rechazaba cualquier señal que sugiriera que el mercado estaba comenzando a debilitarse.

En paralelo al exceso de confianza, el **sesgo de confirmación** comenzó a distorsionar mi análisis de la situación. Este sesgo, identificado por Kahneman y Tversky en sus estudios, describe nuestra tendencia a buscar y valorar únicamente la información que confirma nuestras creencias, mientras ignoramos o minimizamos la que las contradice. En el caso de mi agencia inmobiliaria, estaba convencido de que el mercado seguiría siendo favorable, y esta creencia moldeaba la manera en que procesaba cada dato. Cada señal de crecimiento del mercado reforzaba mi seguridad, y cualquier indicio de riesgo lo desechaba como un caso aislado o irrelevante.

El sesgo de confirmación tiene profundas implicaciones en la teoría de juegos conductual, ya que pone de manifiesto que nuestras decisiones no están siempre impulsadas por una lógica pura, sino por la necesidad de validar nuestras expectativas y evitar la disonancia cognitiva. En mi caso, este sesgo me impedía ver los signos de advertencia con claridad. Como describe Kahneman, el sesgo de confirmación no solo altera la percepción de la realidad, sino que limita nuestra capacidad de anticipar y adaptarnos a los cambios, ya que solo tomamos en cuenta la información que se alinea con nuestras creencias.

En lugar de ser una herramienta que me ayudara a prever el futuro, mi análisis se convirtió en un mecanismo de autovalidación. **Cada vez que encontraba un dato que reforzaba mi optimismo, lo consideraba una prueba irrefutable de que estaba tomando el camino correcto, lo que fortalecía aún más mi sobreconfianza.** Esta combinación de exceso de confianza y sesgo de confirmación me hizo vulnerable a los cambios repentinos del mercado, que en aquel momento estaban comenzando a gestarse. La economía conductual me enseñó que estos sesgos no son anomalías ocasionales, sino patrones profundamente arraigados en la mente humana, patrones que nos llevan a decisiones "irracionalmente racionales" que desafían la lógica de la teoría de juegos clásica.

Fue en este contexto que comencé a ver la importancia de una teoría de juegos conductual. La teoría clásica asumía que, al obtener más experiencia, mejoraría mi capacidad de tomar decisiones óptimas, pero esta experiencia, en lugar de proporcionarme mayor claridad, me hacía más propenso a caer en trampas cognitivas. La economía conductual me mostró que la experiencia no siempre nos hace más sabios; en muchos casos, nos hace más ciegos a nuestras propias limitaciones.

Al analizar estos errores con la perspectiva que me ofrecía la economía conductual, comprendí que la teoría de juegos clásica era una herramienta poderosa, pero limitada. En su afán por reducir la toma de decisiones a una fórmula lógica, había pasado por alto los factores que realmente influyen en nuestras elecciones: las emociones, los sesgos y la ilusión de control. No era suficiente con maximizar los beneficios, ya que mis decisiones no respondían únicamente a la lógica de maximización, sino a una red de expectativas, sesgos y presiones internas que distorsionaban mi percepción de la realidad.

Richard Thaler, al estudiar el comportamiento de los inversionistas en condiciones de incertidumbre, observó que el exceso de confianza y el sesgo de confirmación se encuentran entre los sesgos más comunes en el ámbito empresarial. En su análisis, Thaler sugiere que, para superar estas trampas, es necesario reconocer las limitaciones de la racionalidad humana y desarrollar estrategias que nos ayuden a mitigar estos sesgos. **La teoría de juegos conductual propone, en este sentido, una forma de enfrentar la realidad, no como un sistema de reglas perfectas, sino como un juego en el que el conocimiento de nuestros sesgos es una ventaja competitiva.**

A medida que mi agencia inmobiliaria comenzaba a enfrentar dificultades, empecé a darme cuenta de que el problema no era solo una cuestión de estrategia o de análisis del mercado, sino una cuestión de autoconocimiento. La teoría de juegos conductual me enseñó que, para tomar decisiones verdaderamente conscientes, debía aprender a ver más allá de las apariencias y de mis propias creencias, a reconocer los sesgos que influían en mis elecciones y a desarrollar la humildad necesaria para aceptar que no siempre tendría todas las respuestas.

Este capítulo de mi vida me mostró que la verdadera racionalidad no está en evitar los errores, sino en aprender a reconocer las trampas cognitivas y a cuestionar nuestras propias percepciones. La economía conductual me ayudó a entender que el exceso de confianza no es solo un defecto ocasional, sino una tendencia humana que, si no se controla, puede llevarnos a tomar decisiones equivocadas una y otra vez. Al integrar este conocimiento en mis decisiones, comencé a desarrollar una nueva visión, una teoría de juegos conductual que me permitiera enfrentar la realidad con una comprensión más profunda y realista de mi propia mente.

Con el tiempo, aprendí que, en lugar de aferrarme a la ilusión de control y a la idea de que cada decisión debía ser perfecta, debía aceptar la incertidumbre como una constante y desarrollar la capacidad de adaptarme a los cambios con una mente abierta. La teoría de juegos conductual, al reconocer la influencia de los sesgos y la importancia del autoconocimiento, me ofreció un camino hacia una racionalidad más completa, una racionalidad que no excluye la irracionalidad, sino que la utiliza como una herramienta de autocomprensión.

Capítulo 3: La Aversión a la Pérdida y el Miedo a Soltar en Mis Inversiones de Propiedades

Después de la experiencia con la agencia inmobiliaria, había decidido que sería más prudente en mis decisiones futuras. Estaba convencido de que había aprendido a manejar los riesgos y a no repetir los mismos errores. Sin embargo, a medida que empecé a invertir en propiedades, me encontré enfrentado a un obstáculo emocional que la teoría de juegos clásica nunca había anticipado: el miedo a perder lo que ya había invertido. Este fenómeno, conocido como **aversión a la pérdida**, es uno de los sesgos más poderosos y universales en la toma de decisiones. Richard Thaler y Amos Tversky, en sus estudios pioneros, demostraron que las personas tienden a valorar más la evitación de pérdidas que la obtención de ganancias equivalentes.

La teoría de juegos clásica, con su enfoque en la maximización de beneficios, asume que los jugadores calculan los costos y beneficios de cada elección de manera objetiva. Sin embargo, en mi caso, la teoría no era suficiente para explicar el apego que sentía hacia mis inversiones, incluso cuando los resultados ya no eran prometedores. Había comprado algunas propiedades, esperando que sus valores aumentaran con el tiempo, pero cuando los costos de mantenimiento comenzaron a subir y el mercado se estancó, me encontré en una disyuntiva que ninguna teoría clásica podía resolver. Racionalmente, sabía que vender era la mejor opción, pero emocionalmente, la idea de perder me resultaba insoportable.

Este miedo irracional a asumir una pérdida me llevó a postergar decisiones importantes, esperando, en vano, que las circunstancias mejoraran. Thaler y Tversky describen este fenómeno en el contexto de su **teoría de la perspectiva**, donde sostienen que la aversión a la pérdida es el resultado de un proceso psicológico que magnifica el dolor asociado a las pérdidas, haciéndolo más intenso que el placer de una ganancia equivalente. **Kahneman y Tversky demostraron que la mente humana no valora las pérdidas y las ganancias de la misma manera; las pérdidas generan un impacto emocional mucho más fuerte, lo que distorsiona nuestra percepción de la**

realidad y nos hace reacios a tomar decisiones que implican un sacrificio.

Esta aversión a la pérdida es, en muchos sentidos, una limitación profunda de la teoría de juegos clásica, ya que la racionalidad pura ignora el papel del miedo en nuestras decisiones. La economía conductual, al introducir la aversión a la pérdida en el análisis de decisiones, me permitió entender que mi resistencia a vender no era una falla de lógica, sino una respuesta natural a la idea de perder lo que ya había ganado. Este sesgo, lejos de ser un obstáculo aislado, es una fuerza que nos lleva a tomar decisiones irracionales, incluso cuando el análisis racional sugiere lo contrario.

La teoría de juegos clásica parte de la premisa de que el jugador, al evaluar una opción, calculará sus probabilidades de éxito y actuará en consecuencia. Pero lo que esta teoría no considera es que, en la práctica, nuestras decisiones están influenciadas no solo por probabilidades, sino por las emociones que acompañan a cada resultado. Como Thaler explica en "Misbehaving", la aversión a la pérdida no es una simple preferencia; es una tendencia psicológica profundamente arraigada que afecta nuestra percepción de riesgo y recompensa.

En el contexto de mis inversiones, el impacto de la aversión a la pérdida era evidente. Me encontraba atrapado en una especie de parálisis, incapaz de aceptar una pérdida a corto plazo con la esperanza de que, en algún momento, la situación mejoraría. Aunque el mercado me estaba mostrando que las propiedades no eran tan rentables como había anticipado, la idea de vender y asumir una pérdida me resultaba insoportable. Esta resistencia a soltar se convirtió en un peso que, en última instancia, obstaculizó mi capacidad de avanzar y de tomar decisiones estratégicas que beneficiaran mi situación a largo plazo.

Daniel Kahneman, en "Thinking, Fast and Slow", explora cómo la aversión a la pérdida altera nuestra capacidad para calcular riesgos de manera objetiva. Según Kahneman, **cuando estamos emocionalmente vinculados a una inversión o a una decisión, el miedo a perder se convierte en un filtro que distorsiona nuestra**

percepción de los datos, haciéndonos más reacios a aceptar opciones que impliquen un sacrificio inmediato. En mi caso, este sesgo afectaba no solo mi capacidad para evaluar el mercado de manera realista, sino también mi disposición a aceptar que el mejor curso de acción podía implicar un retroceso temporal.

La teoría de juegos conductual, al integrar la aversión a la pérdida en el análisis de las decisiones, me ofreció una nueva perspectiva. Esta teoría no solo reconocía que los jugadores buscan maximizar beneficios, sino que también entendía que la realidad de la mente humana está plagada de miedos y de un apego emocional a lo que consideramos nuestro. Este enfoque me permitió ver que mi resistencia a vender no era un fallo de racionalidad, sino una manifestación de un sesgo que todos experimentamos en distintos grados.

Con el tiempo, comprendí que una de las lecciones más importantes que me dejaba la economía conductual era el valor de soltar. La teoría de juegos conductual me enseñó que, en lugar de aferrarme a la idea de que cada decisión debe ser perfecta y cada inversión debe generar beneficios, debía aceptar que la verdadera racionalidad incluye la capacidad de adaptarse, de aceptar pérdidas y de avanzar. La economía conductual me mostró que soltar no es una derrota, sino una elección consciente que nos permite liberar el peso emocional de decisiones pasadas para enfocarnos en nuevas oportunidades.

La teoría de la perspectiva de Kahneman y Tversky me ayudó a ver que, en muchos casos, el éxito no depende solo de tomar decisiones lógicas, sino de aprender a gestionar nuestras emociones y de tener el coraje de aceptar una pérdida como parte del proceso. Thaler, al hablar de la aversión a la pérdida, sugiere que uno de los mayores desafíos en la toma de decisiones es enfrentar nuestras emociones sin permitir que estas dominen nuestra percepción. En mi caso, aprender a soltar fue un acto de autocomprensión, un reconocimiento de que no todas las decisiones que tomamos nos llevan a un final feliz, pero que cada elección nos enseña algo sobre nosotros mismos.

La teoría de juegos conductual, al incorporar conceptos como la aversión a la pérdida y la racionalidad emocional, ofrece una visión más completa y humana de la toma de decisiones. En lugar de buscar la perfección, esta teoría nos invita a aceptar nuestras limitaciones, a reconocer que el miedo a perder es parte de la naturaleza humana y a ver cada decisión como una oportunidad para entendernos mejor.

Este capítulo me permitió ver que la verdadera racionalidad no está en evitar cada pérdida o en aferrarse a cada inversión, sino en aceptar que la vida es un proceso de decisiones continuas, de éxitos y fracasos que, en conjunto, forman nuestro camino. Al final, soltar se convirtió en una herramienta esencial, no solo para liberar el peso emocional de mis errores, sino para avanzar con una mente clara y una disposición a seguir aprendiendo de cada experiencia.

Capítulo 4: La Trampa del Efecto de Marco y la Influencia del Contexto en Mis Decisiones de Inversión

Una de las lecciones más reveladoras que descubrí al adentrarme en la economía conductual fue el poder del contexto, un fenómeno conocido como **efecto de marco**. La teoría de juegos clásica asume que las decisiones se toman basándose en datos objetivos, evaluando cada opción en función de su utilidad y resultados esperados. Pero la realidad es que nuestras decisiones no se guían solo por los números, sino por la forma en que esos números se presentan y el contexto que rodea cada opción. El efecto de marco es, en este sentido, una prueba de cómo el contexto y la manera en que percibimos las opciones influencian cada paso en el proceso de toma de decisiones.

Recuerdo un caso en particular cuando, frente a una nueva inversión, me mostraron dos escenarios distintos: uno resaltando el potencial de ganancia y otro señalando los riesgos asociados. En teoría, ambos escenarios eran esencialmente el mismo —presentaban el mismo activo y los mismos datos—, pero la manera en que se me presentaron cambió drásticamente mi percepción. Ante el primer marco, donde se enfatizaba la ganancia, me sentí inclinado a invertir; pero al revisar la misma inversión desde la perspectiva de pérdida, mi entusiasmo se desvaneció. **Daniel Kahneman y Amos Tversky, en su teoría de la perspectiva, demuestran que el efecto de marco es un sesgo cognitivo que altera nuestra percepción, y que las personas toman decisiones distintas dependiendo de cómo se enmarcan las opciones, incluso si los datos subyacentes son idénticos.**

El efecto de marco plantea un desafío directo a la teoría de juegos clásica, que opera bajo la idea de que los jugadores evaluarán las decisiones basándose únicamente en el valor objetivo de los resultados. Sin embargo, la economía conductual expone que la mente humana no procesa los datos de manera neutral; el contexto tiene un papel activo en la forma en que evaluamos cada opción. Al enfrentarme a esta realidad, comencé a cuestionar la suposición de objetividad que la teoría de juegos clásica da por sentada y a entender que, en la práctica, cada decisión que tomamos está inmersa en un contexto que influye en nuestra percepción.

El efecto de marco no solo influye en cómo percibimos una opción específica, sino que también afecta nuestra percepción de riesgo y de beneficio. Richard Thaler, en "Nudge: Improving Decisions About Health, Wealth, and Happiness", explora cómo el encuadre de una opción puede orientar la conducta de las personas hacia un curso de acción particular. Thaler sostiene que, si se presenta una decisión resaltando la posibilidad de ganancia, los individuos tienden a asumir más riesgos, mientras que, si el marco se centra en los riesgos y las pérdidas, las personas tienden a evitar la decisión o a optar por una alternativa más segura.

En mis decisiones de inversión, esta dinámica era evidente. Al analizar mis opciones, me di cuenta de que el contexto emocional de cada situación —las expectativas de éxito, el miedo a fracasar y el deseo de pertenecer a una tendencia— alteraba mi evaluación de riesgo y de beneficio. Por ejemplo, cuando el mercado inmobiliario estaba en auge, era fácil ver las oportunidades de ganancia y minimizar los riesgos, mientras que, en tiempos de incertidumbre, cada dato negativo parecía un motivo para abstenerme de invertir.

El efecto de marco también se manifiesta en la tendencia a evaluar las decisiones no solo en función de sus resultados, sino de las emociones que cada marco evoca. Kahneman y Tversky demostraron que el dolor de una pérdida emocional es mucho más fuerte que el placer de una ganancia equivalente, y este desequilibrio afecta directamente nuestra disposición a asumir riesgos. **La teoría de juegos conductual me enseñó que la clave para tomar decisiones más conscientes está en aprender a ver más allá del marco, en entender que cada contexto y cada presentación de datos puede afectar nuestra percepción de manera sutil pero poderosa.**

Comencé a trabajar en mi habilidad para desmarcar la información, para evaluar los datos en su esencia y no dejarme llevar únicamente por la forma en que estos me eran presentados. Este ejercicio de "desmarcado" se convirtió en una herramienta invaluable para reducir el impacto del efecto de marco en mis decisiones. Me permitió ver que, detrás de cada opción, siempre había un conjunto de datos que podía ser analizado desde múltiples perspectivas, y que la forma en que percibía el riesgo o el beneficio dependía más del contexto que de la realidad objetiva de los números.

A medida que profundizaba en el estudio del efecto de marco y su influencia en mis decisiones, comprendí que este sesgo no era solo una limitación, sino también una oportunidad de autoconocimiento. La teoría de juegos conductual me enseñó que, al reconocer cómo el contexto afecta mi percepción, podía tomar decisiones con una mayor consciencia de mis propias reacciones emocionales y de los factores que influían en mi juicio.

Una de las enseñanzas más valiosas de Kahneman y Tversky es que la verdadera racionalidad no está en eliminar los marcos o contextos, sino en ser conscientes de su impacto y aprender a gestionarlos. **La teoría de juegos conductual propone que, en lugar de ignorar nuestras emociones y sesgos, los utilicemos como una brújula para entender mejor cómo reaccionamos ante distintas situaciones y, a partir de ahí, construir una base de decisiones más informada y equilibrada.**

Al comprender el efecto de marco, también pude identificar cómo las emociones que rodean a cada decisión afectan la manera en que percibo mis opciones. La teoría de juegos conductual me mostró que, en lugar de tratar de eliminar el contexto emocional, podía aprender a verlo como un factor integral en el análisis de cada decisión. Esta visión me permitió aceptar que el contexto no es un obstáculo para la racionalidad, sino un componente esencial que, si se maneja con consciencia, puede enriquecer el proceso de toma de decisiones.

Con el tiempo, aprender a "desmarcar" mis decisiones y a evaluar cada opción sin dejarme llevar por la presentación inicial se convirtió en una habilidad central en mi proceso de autocomprensión. Al final, este capítulo me enseñó que el verdadero éxito en la toma de decisiones no está en evitar las influencias del contexto, sino en reconocerlas y en aprender a manejarlas con una mente clara. La teoría de juegos conductual, al integrar el efecto de marco en su análisis, me permitió ver mis elecciones con una perspectiva más completa y realista, una perspectiva que respeta tanto la lógica como las complejidades emocionales que forman parte de la experiencia humana.

Este capítulo representa un nuevo paso en mi recorrido hacia una teoría de juegos conductual que, lejos de ignorar los sesgos y las emociones, los acepta como parte integral del juego de la vida. A través de estas reflexiones, espero que el lector pueda también descubrir cómo los marcos y los contextos no son barreras para la racionalidad, sino una invitación a explorar la mente humana en toda su riqueza y profundidad.

Capítulo 5: La Ilusión de Control y la Falacia de la Seguridad en la Toma de Decisiones

Cuando miro hacia atrás en mis decisiones empresariales y de inversión, veo un patrón que, en su momento, me parecía normal, pero que ahora entiendo como una trampa cognitiva. Esta trampa es la **ilusión de control**, la creencia de que podemos prever y manejar todas las variables en nuestras decisiones. La teoría de juegos clásica presupone que, si analizamos adecuadamente el entorno y tomamos decisiones óptimas, podemos controlar los resultados. Pero al enfrentarme a la realidad de los mercados, me di cuenta de que esta creencia no solo era falsa, sino peligrosa.

La ilusión de control es una de las distorsiones más comunes que enfrentan los tomadores de decisiones, y la economía conductual ha explorado profundamente su impacto en la percepción de riesgo y seguridad. Daniel Kahneman, en "Thinking, Fast and Slow", describe esta ilusión como la tendencia a creer que podemos controlar o influir en resultados que, en realidad, dependen de factores externos o del azar. En mis decisiones de inversión, esta ilusión me hacía sentir que, al haber seguido todos los pasos "correctos" de análisis y estrategia, tenía el control total sobre los resultados. Sin embargo, la realidad era que, por mucho que planificara, siempre había factores impredecibles que escapaban a mi control.

La economía conductual me ayudó a ver que esta ilusión de control no es simplemente un error de percepción, sino una manifestación de la necesidad humana de seguridad. Nos aferramos a la idea de que nuestras decisiones son totalmente controlables porque, de otro modo, enfrentamos la incertidumbre de un mundo donde el azar y la imprevisibilidad juegan un papel clave. Al darme cuenta de que mis decisiones no eran tan "seguras" como pensaba, comencé a cuestionar la estructura misma de la teoría de juegos clásica. **El modelo clásico, al basarse en la racionalidad perfecta, ignora que muchas de nuestras elecciones están guiadas por una necesidad de control que rara vez coincide con la realidad.**

Recuerdo una inversión en un activo de alto riesgo que, en teoría, estaba bien respaldada por los análisis y los modelos de mercado. Había estudiado cada aspecto y creía que mis decisiones minimizaban los riesgos. Pero cuando surgieron eventos inesperados en el mercado, todos mis planes se desmoronaron. En ese momento, sentí una frustración inmensa: ¿cómo era posible que, después de tanto esfuerzo y análisis, algo que parecía seguro terminara mal? Fue entonces cuando comprendí que la verdadera naturaleza de esa decisión estaba marcada por la ilusión de control; no había sido realmente consciente de los límites de mi capacidad para prever todos los posibles resultados.

Reconocer la ilusión de control me llevó a una conclusión fundamental: el azar y la aleatoriedad son elementos inseparables de la vida y de cada decisión. Kahneman y Tversky plantearon en sus estudios que la mente humana está diseñada para buscar patrones y para atribuir intenciones a eventos, incluso cuando estos son puramente aleatorios. Esta tendencia a buscar significado donde no lo hay refuerza la ilusión de control y nos hace creer que podemos prever cada aspecto de una situación, cuando en realidad muchos eventos son simplemente impredecibles.

Aceptar la aleatoriedad fue un proceso incómodo al principio. Había construido una visión del mundo en la que, al seguir ciertos pasos, podía garantizar resultados predecibles y controlables. Sin embargo, al ver que mis decisiones no siempre producían los efectos esperados, empecé a comprender que el verdadero desafío no era evitar la incertidumbre, sino aprender a vivir con ella. La economía conductual me enseñó que esta capacidad de adaptación es una forma de racionalidad en sí misma. En lugar de obsesionarme con la idea de control, podía desarrollar una mentalidad flexible, que me permitiera ajustarme a los cambios del entorno sin necesidad de aferrarme a la ilusión de que podía prever todo.

Una de las lecciones más valiosas de la teoría de juegos conductual es que, al aceptar la aleatoriedad y el caos como parte de la vida, podemos actuar con una libertad que va más allá de la rigidez de los modelos tradicionales. En lugar de tratar de controlar cada aspecto, podemos enfocarnos en lo que realmente está a nuestro alcance: nuestras reacciones, nuestra disposición a adaptarnos y nuestra capacidad de aprender de cada situación. Este enfoque no solo nos libera del peso de la ilusión de control, sino que nos permite desarrollar una visión más realista y menos ansiosa de nuestras decisiones.

Al final, aprender a aceptar los límites de mi propio control fue un acto de humildad. La teoría de juegos clásica me había dado la ilusión de que, al maximizar beneficios y minimizar riesgos, podía prever y gestionar cada resultado. Pero la economía conductual me mostró que la verdadera racionalidad no consiste en predecir con exactitud, sino en reconocer nuestras propias limitaciones y en adaptarnos a las circunstancias cambiantes. Como dijo Kahneman: "La ilusión de control es la creencia de que tenemos poder sobre lo incierto cuando en realidad solo podemos manejar nuestras propias respuestas".

Esta humildad en la toma de decisiones me llevó a una nueva comprensión de la racionalidad, una racionalidad que no busca la perfección, sino la adaptabilidad. En lugar de asumir que podía controlar el destino de cada inversión, comencé a ver cada decisión como una apuesta consciente, una elección en la que, aunque no podía prever cada resultado, podía controlar cómo reaccionaba ante ellos. Aprendí a soltar la necesidad de una seguridad absoluta y a ver cada fracaso, cada giro inesperado, como una oportunidad de crecimiento y aprendizaje.

La teoría de juegos conductual, al integrar esta humildad y aceptación de la aleatoriedad, me permitió redescubrir el sentido de libertad en mis decisiones. Ya no veía cada elección como una obligación de éxito, sino como una posibilidad de experimentar, de aprender y de adaptarme. Y en ese proceso, me di cuenta de que el verdadero control no está en prever cada detalle, sino en desarrollar la fortaleza interior para enfrentar lo desconocido con una mente abierta y una disposición a seguir adelante, sin importar el resultado.

Capítulo 6: El Sesgo de Anclaje y el Poder de las Primeras Impresiones en la Toma de Decisiones

Uno de los sesgos más reveladores en el proceso de toma de decisiones es el **sesgo de anclaje**, una tendencia que nos lleva a dar un peso excesivo a la primera información que recibimos sobre un tema o situación. La teoría de juegos clásica asume que cada decisión se toma evaluando todas las opciones de manera objetiva y en su conjunto. Sin embargo, la economía conductual, especialmente a través de los estudios de Daniel Kahneman y Amos Tversky, expone que nuestras mentes no funcionan de esta manera. En su lugar, tienden a anclarse en la primera información disponible y a interpretar todo lo que sigue en función de ese punto de referencia inicial.

El sesgo de anclaje ha tenido un impacto notable en mis decisiones de inversión y en mi carrera. Recuerdo una oportunidad en particular en la que me ofrecieron una propiedad a un precio específico. Desde ese primer momento, ese precio se quedó grabado en mi mente como un "ancla" de referencia, y cualquier evaluación que hacía después, ya sea comparando otras propiedades o intentando negociar, giraba en torno a ese valor inicial. Aunque la realidad del mercado mostraba que la propiedad no tenía tanto potencial como había asumido al principio, el ancla se había establecido, y me resultaba difícil ignorarla. **Kahneman y Tversky demostraron que el anclaje afecta incluso a personas que se consideran racionales y analíticas; el primer dato que percibimos moldea nuestra percepción y expectativas de manera tan potente que altera la objetividad de nuestras evaluaciones futuras.**

La teoría de juegos conductual, al incorporar el sesgo de anclaje, plantea un desafío importante a la noción de racionalidad clásica. En lugar de asumir que el jugador puede evaluar todas las opciones de manera imparcial, reconoce que la primera impresión puede influir en la percepción de riesgos, beneficios y probabilidades de éxito. Al comprender el sesgo de anclaje en mis decisiones, empecé a cuestionar el impacto de esos puntos de referencia iniciales que se habían grabado en mi mente, y cómo esos puntos afectaban mi capacidad de ver una situación de manera objetiva.

El sesgo de anclaje no solo afecta nuestra percepción de precios o valores, sino que también influye en la forma en que percibimos el costo de oportunidad. Richard Thaler, en sus estudios sobre la economía conductual, explica que el valor que damos a una oportunidad depende en gran medida de nuestro punto de referencia inicial. Si una inversión es presentada desde el principio como una "oportunidad única", nuestra mente tiende a aferrarse a esa etiqueta, dificultando que la evaluemos con una perspectiva crítica y desapegada. En mi caso, esta tendencia a anclarme a los puntos de referencia iniciales se volvió evidente cuando comparaba mis decisiones de inversión. A menudo, me encontraba juzgando cada opción en función de la primera alternativa que había considerado, perdiendo de vista que las circunstancias y la información disponible podían haber cambiado.

La teoría de juegos clásica asume que el jugador, al considerar una decisión, evalúa todas las opciones de manera equitativa y desapegada. Pero en la práctica, el sesgo de anclaje distorsiona esa objetividad, convirtiendo el primer dato recibido en una "verdad" que condiciona todas las decisiones posteriores. Kahneman argumenta que el anclaje crea una especie de inercia cognitiva que limita la flexibilidad del pensamiento y la capacidad de adaptarse a nueva información. En una de mis inversiones, esta inercia me llevó a aferrarme a una estrategia que, en retrospectiva, resultó subóptima. Aunque había recibido nueva información que sugería cambios en el mercado, seguí interpretando todo desde la óptica de mi referencia inicial.

Al entender el impacto del anclaje, comencé a desarrollar una estrategia de "desanclaje" en mi proceso de toma de decisiones. Esta estrategia consistía en revisar de manera crítica cada punto de referencia inicial, intentando ver la situación desde otras perspectivas y evitando que la primera impresión se convirtiera en una barrera para la objetividad. Este proceso no fue fácil, ya que la inercia del anclaje es poderosa, pero la teoría de juegos conductual me ofreció herramientas para reconocer y mitigar este sesgo, permitiéndome evaluar mis decisiones de una forma más amplia y adaptativa.

Reconocer el sesgo de anclaje en mis decisiones me permitió liberarme, en cierta medida, de la prisión de las primeras impresiones. Empecé a comprender que, para tomar decisiones realmente conscientes, debía aprender a cuestionar las primeras percepciones y a verlas solo como una pequeña parte de un panorama más amplio. En la teoría de juegos conductual, el proceso de desanclaje implica una reflexión profunda sobre nuestras expectativas y una disposición a cambiar de perspectiva en función de nueva información. Este enfoque no solo enriquece nuestra capacidad de análisis, sino que también nos libera de las limitaciones impuestas por nuestras primeras impresiones.

Con el tiempo, el acto de desanclarme se convirtió en una práctica esencial para cada nueva decisión. Ya no consideraba el primer dato como un pilar incuestionable, sino como una pieza dentro de un rompecabezas que podía desmontar y reorganizar según los cambios del contexto. Esta habilidad de reestructuración cognitiva, inspirada en los principios de la teoría de juegos conductual, me dio una flexibilidad que antes no tenía, una disposición a evaluar cada opción con una mente más abierta y menos condicionada.

La teoría de juegos conductual, al integrar el sesgo de anclaje, me mostró que la verdadera racionalidad no está en apegarse a un punto de referencia inicial, sino en aprender a soltar esas primeras impresiones y permitir que cada decisión sea un reflejo de nuestra disposición a adaptarnos a una realidad cambiante. Esta lección me permitió ver mis decisiones no como actos de perfección, sino como oportunidades de aprendizaje, donde cada ancla liberada me acerca a una mayor claridad y a una toma de decisiones más consciente.

Capítulo 7: La Procrastinación y el Sesgo del Presente en la Toma de Decisiones

A medida que profundizaba en mis reflexiones sobre el impacto de la economía conductual en mis decisiones, me di cuenta de que otro factor importante influía en mis elecciones: la procrastinación y el **sesgo del presente**. Este sesgo nos lleva a preferir las recompensas inmediatas sobre las ganancias futuras, y es una de las trampas más comunes en el comportamiento humano. La teoría de juegos clásica supone que los jugadores, al actuar racionalmente, evalúan de manera objetiva las consecuencias futuras de sus decisiones, y que el tiempo no altera esa racionalidad. Sin embargo, la economía conductual revela que, en la realidad, los seres humanos tendemos a darle un valor desproporcionado al presente, relegando el futuro a un segundo plano.

El sesgo del presente es un fenómeno ampliamente estudiado por Richard Thaler y otros economistas conductuales. Thaler, en sus estudios sobre la "inconsistencia temporal", describe cómo nuestra inclinación por los placeres inmediatos nos lleva a tomar decisiones que, a largo plazo, pueden resultar perjudiciales. Recuerdo ocasiones en las que, aunque sabía que debía tomar decisiones financieras importantes, posponía esas tareas bajo la falsa ilusión de que "habría tiempo más adelante". Esta procrastinación no era simplemente una cuestión de falta de voluntad; era una manifestación del sesgo del presente que me hacía priorizar el alivio inmediato de no enfrentar una decisión difícil sobre los beneficios que podría obtener al tomar acción en el momento.

La teoría de juegos conductual me enseñó que la procrastinación no es solo un acto de pereza, sino una inclinación natural hacia lo que nos genera satisfacción inmediata, aun cuando sabemos que no es lo mejor para nuestro bienestar futuro. El sesgo del presente hace que las recompensas a largo plazo parezcan menos atractivas, y que las tareas difíciles o incómodas se sientan aún más pesadas. Al ver cómo este sesgo afectaba mis decisiones, comprendí que muchas veces mi mente estaba atrapada en una lógica de corto plazo que la teoría de juegos clásica no podía explicar.

El sesgo del presente y la procrastinación también afectan el costo de oportunidad en cada decisión. Cuando elegimos posponer una acción, no solo estamos retrasando una posible ganancia, sino que también estamos aumentando el costo asociado a esa inacción. Daniel Kahneman y Richard Thaler explican que la procrastinación genera una inconsistencia temporal, donde lo que percibimos como beneficioso en el presente no es necesariamente lo mejor a largo plazo. Este fenómeno crea un conflicto constante entre la satisfacción inmediata y el valor futuro de nuestras decisiones.

Recuerdo momentos en los que la procrastinación afectó directamente mis inversiones. En una ocasión, decidí retrasar la venta de un activo que estaba perdiendo valor, convencido de que podría esperar a que el mercado mejorara. En el momento, la decisión de posponer parecía una forma de evitar la pérdida inmediata, una sensación de alivio momentáneo. Pero, con el tiempo, la procrastinación resultó en una pérdida aún mayor. Este sesgo de preferencia por el presente hacía que la idea de enfrentar una pérdida en ese instante pareciera mucho peor que el riesgo de una pérdida mayor en el futuro.

La teoría de juegos clásica plantea que los jugadores actúan racionalmente en todo momento, pero la economía conductual revela que nuestra percepción de valor cambia con el tiempo. En mi caso, el sesgo del presente me llevaba a evitar decisiones difíciles que, aunque eran necesarias, implicaban un esfuerzo inmediato que prefería evitar. Al comprender este sesgo, pude ver cómo la procrastinación no solo me costaba tiempo, sino que también aumentaba las consecuencias negativas de mis decisiones. La teoría de juegos conductual me ofreció una nueva perspectiva, mostrándome que la verdadera racionalidad incluye la capacidad de reconocer y enfrentar estos sesgos temporales.

Superar la procrastinación y el sesgo del presente no es simplemente una cuestión de fuerza de voluntad; es un acto de consciencia y autoconocimiento. La economía conductual me enseñó que la clave para evitar las trampas del presente radica en crear una estructura de decisiones que nos ayude a mantener una perspectiva a largo plazo. **Richard Thaler sugiere el uso de "nudges" o empujones, estrategias que nos guían hacia decisiones más beneficiosas sin imponer una obligación, como una forma de contrarrestar la inclinación hacia las gratificaciones inmediatas.**

Para mí, esto significó desarrollar mecanismos que me recordaran constantemente la importancia de actuar con una visión de futuro. Establecí metas concretas, calendarios con plazos específicos y recordatorios de los beneficios a largo plazo de mis acciones. Esta estructura me permitió superar, al menos en parte, la inercia que el sesgo del presente genera en nuestra mente. Empecé a ver cada decisión no como una carga inmediata, sino como una oportunidad para construir un futuro que alineara mis acciones con mis metas más amplias.

La teoría de juegos conductual, al reconocer el impacto de la inconsistencia temporal y el sesgo del presente, me enseñó a ver mis decisiones desde una perspectiva más amplia y equilibrada. Me di cuenta de que, en lugar de resistirme a las decisiones difíciles, podía enfrentar el presente con la mente puesta en el beneficio futuro, liberándome de la trampa de la procrastinación. Este cambio de enfoque no solo mejoró mis resultados, sino que también me permitió actuar con una sensación de claridad y propósito, una claridad que solo es posible cuando aprendemos a valorar el tiempo en toda su dimensión y a ver cada decisión como un paso hacia un objetivo que va más allá del momento presente.

Capítulo 8: El Sesgo de Disponibilidad y la Tendencia a Sobreestimar la Información Reciente

Uno de los conceptos que más transformó mi manera de ver las decisiones fue el **sesgo de disponibilidad**, un fenómeno que nos lleva a dar mayor peso a la información que tenemos más fresca o a las experiencias recientes que resultan más vívidas en nuestra memoria. La teoría de juegos clásica asume que los jugadores toman decisiones basadas en datos objetivos y en un análisis exhaustivo de toda la información relevante, pero la economía conductual ha demostrado que, en la práctica, nuestras decisiones están fuertemente influenciadas por lo que recordamos con mayor facilidad o por lo que nos ha impactado más recientemente.

El sesgo de disponibilidad fue identificado y analizado en profundidad por Daniel Kahneman y Amos Tversky, quienes explicaron cómo la mente humana tiende a sobrevalorar los eventos recientes o los hechos que vienen a la mente con facilidad, ignorando datos relevantes que pueden ser menos accesibles en el momento. En mis propias experiencias, este sesgo me llevó a tomar decisiones basadas en incidentes recientes, en lugar de considerar el panorama completo. Recuerdo una inversión en la que, tras experimentar un éxito inicial, sobreestimé la probabilidad de obtener resultados similares en el futuro, sin tener en cuenta la variabilidad del mercado y el contexto cambiante.

La teoría de juegos conductual me enseñó a reconocer que la mente no opera de manera neutral. La información reciente, especialmente aquella que ha tenido un impacto emocional, se convierte en un filtro a través del cual interpretamos las situaciones, llevándonos a decisiones impulsadas por recuerdos recientes en lugar de por un análisis equilibrado de todos los factores. Al reconocer este sesgo en mis decisiones, empecé a comprender que el éxito pasado no era necesariamente una garantía de éxito futuro, y que el hecho de recordar una experiencia reciente no la hacía representativa de la situación general.

El sesgo de disponibilidad afecta nuestra percepción del riesgo y de las oportunidades. Richard Thaler y otros economistas conductuales han demostrado que este sesgo nos lleva a dar una importancia desproporcionada a eventos recientes o a situaciones extremas que han dejado una impresión fuerte en nuestra memoria. Esta tendencia es especialmente problemática en el contexto de las inversiones, donde la volatilidad del mercado hace que ciertos eventos recientes puedan no ser representativos del comportamiento a largo plazo.

En varias ocasiones, me encontré tomando decisiones basadas en las fluctuaciones recientes del mercado, convencido de que los movimientos observados en un periodo corto eran indicativos de una tendencia. Recuerdo momentos en los que, tras una racha positiva en mis inversiones, me dejé llevar por la idea de que esa bonanza continuaría indefinidamente, ignorando las señales de advertencia que sugerían lo contrario. **La teoría de juegos clásica ignora el impacto emocional de estos eventos recientes, mientras que la teoría de juegos conductual reconoce que los recuerdos y las experiencias recientes condicionan nuestra evaluación de riesgo.** La economía conductual me enseñó que, para tomar decisiones más equilibradas, debía desarrollar la habilidad de ver más allá de los eventos recientes y de evaluar cada oportunidad en su contexto más amplio.

Este sesgo también me hizo consciente de que nuestra mente tiene una inclinación natural a generalizar a partir de experiencias individuales o eventos impactantes. Kahneman y Tversky demostraron que el sesgo de disponibilidad distorsiona nuestra percepción de las probabilidades, llevándonos a sobreestimar la frecuencia de eventos que recordamos con claridad. Esta lección me llevó a cuestionar mis propias percepciones y a preguntarme si las decisiones que estaba tomando eran realmente reflejo de la realidad o simplemente el resultado de recuerdos sesgados por experiencias recientes.

Comprender el impacto del sesgo de disponibilidad en mis decisiones me permitió desarrollar una perspectiva más ecuánime y menos reactiva. La teoría de juegos conductual me enseñó que, en lugar de dejarnos llevar por la información más reciente o más vívida, es necesario entrenarnos para tomar en cuenta un conjunto más amplio de datos y experiencias. Al cuestionar la influencia de los eventos recientes en mis decisiones, fui capaz de construir una visión más sólida, donde cada elección estaba fundamentada en una evaluación consciente de los riesgos y oportunidades a largo plazo.

Este enfoque de la teoría de juegos conductual también me llevó a practicar el "distanciamiento" de los eventos recientes. Empecé a desarrollar la habilidad de analizar cada decisión en un marco de tiempo más amplio, recordándome que los eventos individuales, por impactantes que sean, no son siempre representativos del panorama general. Esta habilidad no solo mejoró mi toma de decisiones, sino que también me ayudó a reducir la ansiedad que a menudo acompaña a las decisiones impulsivas, generando una mayor calma y claridad mental.

Al final, la economía conductual y la teoría de juegos conductual me enseñaron que, para tomar decisiones informadas, es fundamental evitar la trampa de la disponibilidad. Este enfoque me permitió ver cada experiencia, no como un reflejo absoluto de la realidad, sino como una pieza dentro de un contexto más amplio y complejo. Aprendí que, al trascender las impresiones inmediatas y cultivar una visión más equilibrada, era posible actuar con mayor objetividad y con un sentido de propósito, manteniéndome enfocado en las metas a largo plazo, sin perderme en los altibajos momentáneos.

Capítulo 9: La Comparación Social y el Impacto Invisible de los Logros de los Demás en Nuestras Decisiones

Reflexionando sobre mis decisiones a lo largo de los años, he descubierto una influencia constante pero silenciosa: la comparación social. Muchas veces, sin siquiera darme cuenta, mis elecciones fueron moldeadas por lo que los demás lograban o parecían lograr, como si mi éxito no fuera suficiente sin el respaldo de un nivel de validación externa. Este fenómeno de comparación social, estudiado a profundidad en la economía conductual por autores como Richard Thaler, Daniel Kahneman y Amos Tversky, se refiere a nuestra tendencia a evaluar nuestro propio valor y nuestras decisiones en función de los estándares y logros de las personas que nos rodean. Y aunque este impulso puede parecer natural, la realidad es que, en el fondo, compromete nuestra capacidad de tomar decisiones verdaderamente alineadas con nuestras metas personales.

La teoría de juegos clásica asume que cada jugador actúa en un marco de referencia propio, analizando sus opciones y maximizando su utilidad sin importar lo que hagan los demás. Sin embargo, esta teoría pasa por alto que, en la vida real, nuestras elecciones no se realizan en un vacío. Estamos constantemente expuestos a las decisiones y éxitos de nuestros pares, de nuestros amigos, colegas y competidores. Este contexto social puede crear una especie de "referencia social" que distorsiona nuestra percepción de éxito, desviando nuestras decisiones hacia una competencia silenciosa que, muchas veces, ni siquiera reconocemos.

La economía conductual define este fenómeno como **aversión a la desventaja**. Es una reacción emocional que nos lleva a evitar la sensación de estar en una posición "inferior" a la de quienes nos rodean. Cuando veo que alguien ha logrado un éxito financiero significativo o que ha alcanzado un hito que yo aún no he conseguido, surge en mí una especie de inquietud, una voz silenciosa que me empuja a actuar para igualar su nivel. En lugar de evaluar si realmente quiero lo mismo o si ese logro es relevante para mi situación, mi mente asume que debo "nivelar" ese éxito para sentirme válido, para no quedar en una posición desfavorable. Y aunque a veces ese impulso me ha llevado a obtener logros, otras veces me ha empujado hacia decisiones que no estaban realmente alineadas con mis metas.

Recuerdo situaciones en las que, viendo cómo conocidos obtenían retornos rápidos en el mercado inmobiliario o en inversiones en criptomonedas, me sentí motivado a replicar sus acciones. No quería sentirme en desventaja o perder la oportunidad de alcanzar un éxito similar, sin detenerme a analizar si esas decisiones eran adecuadas para mí en ese momento. Esta inclinación a compararme, a medir mi éxito en función de lo que otros lograban, me condujo en más de una ocasión a tomar riesgos que no necesariamente tenían sentido dentro de mi propio contexto financiero.

La aversión a la desventaja tiene un componente emocional que, en el contexto de la economía conductual, revela cómo nuestras decisiones no solo están orientadas a maximizar beneficios objetivos, sino a evitar las pérdidas que percibimos en el plano social o emocional. Thaler describe este fenómeno como una "carrera de comparación", donde el impulso de no quedar atrás puede llevarnos a tomar decisiones basadas más en los logros de otros que en nuestros propios deseos o necesidades. Este impulso por estar "a la altura" de nuestros pares genera un ciclo en el que nuestras elecciones se vuelven reacciones a lo que vemos en los demás, y no respuestas meditadas y conscientes a lo que realmente queremos para nosotros mismos.

Para comprender realmente el peso de la comparación social en mis decisiones, tuve que profundizar en mis propias motivaciones. Me di cuenta de que muchas veces, el éxito de otros no solo me inspiraba, sino que me generaba una especie de ansiedad, una presión autoimpuesta por no quedar rezagado. Esta ansiedad alimentaba una constante búsqueda de logros que no siempre se alineaban con mis propios valores, sino con la necesidad de sentir que estaba "al nivel" de los demás. Esta presión de comparación social crea una carga emocional que, en la práctica, distorsiona nuestra percepción de riesgo, empujándonos a asumir decisiones que, desde una perspectiva puramente racional, no tomaríamos.

La teoría de juegos conductual, al integrar estos conceptos, me ayudó a ver que la comparación social es un sesgo poderoso que condiciona cada decisión. No es que necesariamente deseemos lo que los demás han logrado, sino que temamos sentirnos en desventaja. Este miedo es tan poderoso que, incluso cuando nuestras propias metas son claras, los logros ajenos actúan como un imán que desvía nuestra atención, haciéndonos olvidar temporalmente lo que realmente queremos. En vez de una evaluación imparcial y objetiva, cada opción se convierte en una medida de comparación, y cada logro ajeno en una prueba implícita de nuestras propias capacidades.

Para contrarrestar este sesgo, me di cuenta de que debía aprender a definir mis propios objetivos de una manera sólida e inamovible. La economía conductual me mostró que la única forma de superar la comparación social es cultivar una perspectiva interna, una visión de éxito personal que no dependa de lo que otros logran. Comencé a trabajar en el desarrollo de una "ancla interna", una serie de valores y metas que me recordaran constantemente que mis decisiones debían estar alineadas con mi propio bienestar y crecimiento, no con la presión de estar al nivel de los demás.

Esta "ancla interna" me ayudó a tomar decisiones con mayor claridad, a ver los logros de los demás no como una medida de mi propio éxito, sino como eventos externos que podían inspirarme sin condicionar mis elecciones. Aprendí que cada decisión es un reflejo de nuestras propias metas y que, al dejarme llevar por el impulso de comparación, estaba desviándome de mi verdadero camino. La teoría de juegos conductual me mostró que, al priorizar nuestras metas internas, somos capaces de actuar desde un lugar de autenticidad y propósito, en lugar de un lugar de competencia y validación externa.

Finalmente, al reconocer el peso de la comparación social en mi vida, pude ver que el verdadero éxito no está en igualar los logros de los demás, sino en construir un camino propio que refleje mis valores y aspiraciones. Esta comprensión me liberó de la presión constante de estar "a la altura" y me permitió enfocarme en lo que realmente quiero para mí. Aprendí que, cuando nuestras decisiones están basadas en nuestros propios deseos y no en la necesidad de validación externa, alcanzamos un sentido de satisfacción y de paz interior que ninguna comparación social puede brindarnos.

Capítulo 10: El Sesgo de Confirmación y la Tentación de Validar Nuestras Creencias

A medida que me adentraba más en el análisis de mis decisiones y comportamientos, encontré otro sesgo profundamente arraigado que había influido en muchas de mis elecciones: el **sesgo de confirmación**. Este sesgo nos lleva a buscar, interpretar y recordar la información de manera que confirme nuestras creencias y expectativas preexistentes, ignorando o descartando cualquier evidencia que las contradiga. La teoría de juegos clásica supone que los jugadores actúan de manera imparcial y objetiva, evaluando cada opción basándose en datos completos y no sesgados. Sin embargo, la economía conductual, a través de los estudios de Kahneman y Tversky, reveló que la mente humana rara vez opera de forma tan neutral.

El sesgo de confirmación se presenta en todos los ámbitos de la vida, y en el mundo de las inversiones y la toma de decisiones empresariales, su influencia puede ser particularmente peligrosa. Cuando estaba seguro de que una inversión sería exitosa, tendía a buscar solo aquellos informes, opiniones o noticias que respaldaran esa expectativa. De alguna manera, mi mente se volvía selectiva y pasaba por alto las advertencias o los análisis que sugerían lo contrario. Era como si mis deseos de que las cosas salieran bien me hicieran ciego a las posibles señales de peligro. Kahneman y Tversky explicaron que este sesgo no es solo un error de juicio, sino una defensa psicológica, una forma de proteger nuestro ego y de evitar la incomodidad que produce la disonancia cognitiva —esa tensión entre lo que creemos y la realidad que amenaza con contradecirnos.

Esta tendencia a validar mis propias creencias sin cuestionarlas me llevó a cometer errores que podrían haberse evitado. En una ocasión, me encontraba considerando una inversión importante en un sector en el que tenía poca experiencia. Estaba convencido de que el crecimiento reciente de ese mercado era una señal de oportunidad, y empecé a investigar con la expectativa de encontrar más pruebas de que esta era una buena elección. Cada artículo que hablaba de éxito en el sector se convertía en una confirmación de mis creencias, mientras que cualquier análisis que mencionara riesgos o problemas en esa industria lo descartaba como "demasiado pesimista" o "exagerado".

Este sesgo no solo afectaba mis decisiones de inversión, sino también mi vida personal y profesional en general. La economía conductual me ayudó a entender que el sesgo de confirmación no es solo un problema de análisis, sino un fenómeno que limita nuestra capacidad para adaptarnos y para ver la realidad con claridad. Cuando nuestras creencias y expectativas se convierten en filtros que distorsionan la información que aceptamos, perdemos la oportunidad de aprender, de corregir el rumbo y de evitar errores que podrían haberse anticipado. La teoría de juegos conductual, al incorporar el sesgo de confirmación en su modelo de análisis, sugiere que nuestras decisiones están condicionadas no solo por nuestros deseos conscientes, sino por una profunda necesidad de preservar nuestra autoestima y nuestra visión del mundo.

Al profundizar en este concepto, me di cuenta de que el sesgo de confirmación no solo me impedía ver los riesgos de manera objetiva, sino que también limitaba mi crecimiento personal. Cada vez que evitaba confrontar una creencia o cuestionar una decisión, estaba cerrando la puerta a una oportunidad de aprendizaje. Comencé a darme cuenta de que, para tomar decisiones más equilibradas y conscientes, debía desarrollar la habilidad de cuestionar mis propias expectativas, de buscar activamente las opiniones contrarias y de evaluar cada opción desde una perspectiva más amplia y menos sesgada. Este proceso no fue fácil, porque implicaba admitir que, en muchas ocasiones, mis expectativas estaban equivocadas y que mis decisiones no siempre habían sido tan racionales como pensaba.

Una de las herramientas más valiosas que encontré para contrarrestar el sesgo de confirmación fue el hábito de preguntar: "¿Qué pasaría si estoy equivocado?". Esta simple pregunta me ayudó a abrirme a la posibilidad de que mi análisis inicial podía estar incompleto o sesgado. Empecé a buscar activamente las opiniones opuestas, los informes que planteaban riesgos y las críticas que cuestionaban las tendencias que estaba siguiendo. Este enfoque me permitió ver mis decisiones desde una perspectiva más equilibrada y me ayudó a desarrollar una mentalidad más abierta y dispuesta a adaptarse a nueva información.

Otro método que descubrí fue el de establecer un "abogado del diablo" en mi proceso de toma de decisiones, una voz crítica que cuestionara cada aspecto de mi análisis. Al adoptar esta estrategia, no solo estaba buscando confirmar mis expectativas, sino también desafiarlas y fortalecer mis decisiones a través de una evaluación más rigurosa. La teoría de juegos conductual me enseñó que, para tomar decisiones efectivas, es fundamental reconocer y confrontar nuestras propias limitaciones, aceptando que la verdadera racionalidad no es la ausencia de sesgos, sino la habilidad de identificar y gestionar esos sesgos de manera consciente.

El sesgo de confirmación también me mostró cómo nuestras decisiones son influenciadas por un deseo inconsciente de sentir que tenemos razón, de reafirmar nuestras capacidades y de mantener una imagen positiva de nosotros mismos. Este sesgo es, en el fondo, una defensa emocional que nos protege de la incertidumbre y de la posibilidad de fracaso. Pero al final, esta defensa puede convertirse en un obstáculo que limita nuestro potencial y nos impide ver la realidad en toda su complejidad. Al aprender a cuestionar mis creencias y a desafiar mis expectativas, descubrí que la verdadera confianza no radica en tener siempre la razón, sino en ser capaz de aceptar nuestros errores y de adaptarnos a la realidad con una mente abierta.

Este capítulo en mi vida y en mi análisis de la teoría de juegos conductual me enseñó que el sesgo de confirmación no es solo una tendencia, sino una prueba constante de humildad y autoconocimiento. Aceptar que nuestras creencias pueden estar equivocadas y que nuestras expectativas no siempre se alinean con la realidad es un acto de crecimiento que fortalece nuestra capacidad de tomar decisiones más conscientes y de aprender de cada experiencia. Al final, superar el sesgo de confirmación es una forma de liberarnos de nuestras propias limitaciones, de ver el mundo con una mayor claridad y de actuar con una confianza que no depende de la certeza absoluta, sino de la disposición a aprender y a evolucionar en cada paso del camino.

Capítulo 11: La Trampa del Costo Hundido y el Atrapamiento en Decisiones del Pasado

Uno de los sesgos más insidiosos que he enfrentado es el **sesgo del costo hundido**, una tendencia que nos lleva a continuar con decisiones poco rentables o equivocadas simplemente porque ya hemos invertido en ellas. En teoría, la racionalidad nos dice que debemos tomar decisiones basándonos solo en los resultados futuros, ignorando los costos ya incurridos que no pueden recuperarse. Sin embargo, en la práctica, nuestra mente no funciona así. El costo hundido se convierte en una trampa emocional que nos hace sentir que, si abandonamos una inversión en la que ya hemos puesto tiempo, dinero o esfuerzo, estamos aceptando una derrota. Y esa aceptación, aunque pueda liberarnos de una carga, con frecuencia se siente como un fracaso.

El sesgo del costo hundido tiene raíces profundas en nuestra necesidad de justificar las decisiones pasadas. Cuando invertimos en un proyecto o nos comprometemos en una relación, esas acciones pasan a formar parte de nuestra identidad y de la narrativa que construimos sobre quiénes somos. Admitir que una decisión fue equivocada es, en cierto sentido, admitir que nos equivocamos al confiar en nuestro propio juicio. Este sesgo es particularmente peligroso porque afecta tanto nuestras decisiones personales como las empresariales y financieras, llevándonos a destinar aún más recursos en una causa perdida en lugar de cortar las pérdidas y avanzar. La teoría de juegos clásica, al asumir una racionalidad pura y objetiva, pasa por alto esta dimensión emocional que, en la realidad, se convierte en un obstáculo casi invisible.

Recuerdo una de mis primeras inversiones en una empresa emergente que, al principio, parecía prometedora. El entusiasmo inicial me llevó a destinar más capital, convencido de que el negocio despegaría y que mi inversión generaría un retorno significativo. Sin embargo, con el tiempo, los problemas comenzaron a surgir y la empresa no alcanzaba los objetivos proyectados. Cada vez que tenía la oportunidad de retirarme, dudaba, pensando en la cantidad de tiempo y recursos que ya había puesto. Sentía que si abandonaba, estaría desperdiciando todo ese esfuerzo. Y así, en lugar de aceptar la realidad de la situación, seguía invirtiendo en la esperanza de que las cosas cambiaran.

El costo hundido se convierte en una especie de peso psicológico que arrastra nuestra mente hacia un estado de negación. La economía conductual explica que esta trampa no es solo una debilidad de juicio, sino una manifestación de nuestra resistencia al cambio. Cuando hemos invertido en algo, ya sea dinero, tiempo o emociones, esa inversión crea un vínculo que resulta difícil de romper. **Kahneman y Tversky demostraron que esta tendencia se debe a la "disonancia cognitiva", una incomodidad interna que surge cuando nuestras acciones no se alinean con nuestra autopercepción.** En el caso del costo hundido, abandonar una inversión que ya no es rentable es aceptar que nos equivocamos, y esta aceptación va en contra de nuestro deseo de ser consistentes y acertados en nuestras decisiones.

A medida que comprendía el sesgo del costo hundido en mis propias experiencias, me di cuenta de que no se trataba simplemente de una cuestión de dinero, sino de orgullo, de identidad y de miedo al arrepentimiento. Había creado en mi mente una narrativa en la que mis decisiones eran acertadas y estaban bien fundamentadas, y esta narrativa me hacía resistente a la idea de que podría estar equivocado. Al final, el costo hundido no es solo un costo financiero; es un costo emocional y mental que afecta nuestra habilidad para adaptarnos a la realidad cambiante. La teoría de juegos conductual, al integrar esta dimensión emocional, me enseñó que la verdadera racionalidad no consiste solo en maximizar los beneficios futuros, sino en saber cuándo soltar y aceptar que algunas decisiones fueron, simplemente, errores.

Para romper la trampa del costo hundido, tuve que desarrollar una nueva mentalidad, una disposición a ver mis inversiones y mis decisiones como elementos independientes de mi identidad. Aprendí a preguntarme: "Si pudiera tomar esta decisión de nuevo, con la información que tengo ahora, ¿seguiría en el mismo camino?" Esta pregunta me permitió enfrentar la realidad de una manera más honesta y me liberó de la necesidad de justificar cada decisión pasada. Empecé a entender que la verdadera fuerza no está en persistir ciegamente, sino en tener la humildad para reconocer cuándo una elección ya no es la adecuada.

El proceso de superar el sesgo del costo hundido fue, en muchos sentidos, un proceso de autocomprensión. Me obligó a confrontar la parte de mí que deseaba tener siempre la razón, que temía el fracaso y que sentía que abandonar una inversión era una derrota. Pero al final, descubrí que liberarse del costo hundido es un acto de valentía, un acto que nos permite avanzar sin las ataduras de los errores pasados. Este cambio de enfoque no solo mejoró mi capacidad para tomar decisiones más racionales, sino que también me enseñó a ver cada inversión como una oportunidad de aprendizaje, no como una prueba de mi valía o de mi capacidad.

Aceptar que algunos costos no pueden recuperarse y que algunas decisiones no son lo que esperábamos es un acto de madurez que la teoría de juegos conductual incorpora como parte fundamental de una toma de decisiones consciente. Al ver el costo hundido no como una carga, sino como una lección, logré comprender que cada error es una oportunidad para ajustar mi rumbo y crecer. Aprendí que la verdadera racionalidad no está en persistir sin razón, sino en soltar cuando es necesario y en aceptar que, en el juego de la vida, cada movimiento es una oportunidad para empezar de nuevo.

Capítulo 12: La Trampa del Exceso de Confianza y la Ilusión de Competencia

A lo largo de mi trayectoria, otro sesgo que he enfrentado repetidamente es el **exceso de confianza**, una tendencia que nos lleva a sobrevalorar nuestras capacidades, nuestros conocimientos y nuestra habilidad para prever resultados. Este sesgo crea una ilusión de competencia, una creencia en que tenemos control y entendimiento sobre las situaciones, aunque, en realidad, enfrentamos un panorama mucho más incierto y complejo. La teoría de juegos clásica, al suponer que cada jugador toma decisiones maximizando sus beneficios con precisión racional, no contempla esta sobreestimación de nuestras habilidades que puede sesgar profundamente nuestro juicio. La economía conductual, en cambio, revela que el exceso de confianza es una distorsión que permea nuestra toma de decisiones, convirtiéndose en una fuerza tan motivadora como peligrosa.

El exceso de confianza no solo aparece en grandes decisiones, sino que se manifiesta en cada pequeño acto en el que creemos saber lo suficiente. Recuerdo momentos en los que, convencido de que entendía completamente un mercado o una situación, me aventuré a tomar decisiones con una seguridad que hoy, en retrospectiva, me sorprende. Cada análisis, cada proyección que hacía en esos momentos de certeza, parecía respaldado por una confianza sólida y bien fundamentada. Pero el tiempo me mostró que esa seguridad era una ilusión, que muchas veces mis decisiones estaban sustentadas en información incompleta o interpretaciones optimistas que me hicieron ignorar los riesgos reales.

Uno de los mayores peligros del exceso de confianza es que nos hace creer que el éxito pasado es un predictor fiable de éxito futuro. Kahneman explica que nuestra mente tiende a ver patrones y a atribuir resultados favorables a nuestras propias habilidades, lo que fortalece esa ilusión de control y competencia. Cuando logré beneficios significativos en una inversión, mi confianza en mis habilidades aumentó exponencialmente, llevándome a asumir que podía replicar esos éxitos sin problemas. Sin embargo, la economía conductual muestra que esa creencia no es más que una distorsión. Cada nueva decisión está rodeada de incertidumbre y de variables impredecibles que ningún nivel de experiencia o de éxito pasado puede eliminar.

El exceso de confianza también genera una resistencia a la crítica y a la retroalimentación negativa. Cuando estamos convencidos de que tenemos razón, tendemos a ignorar las opiniones que no se alinean con nuestras expectativas. Esta resistencia puede limitar nuestra capacidad para adaptarnos y para considerar información crucial que podría mejorar nuestras decisiones. En el ámbito de las inversiones, esta resistencia a la crítica puede resultar en pérdidas significativas. Recuerdo una ocasión en la que, seguro de mi análisis, desestimé las advertencias de otros inversionistas y continué adelante con una decisión que, en última instancia, resultó en un fracaso. Mi confianza en mis capacidades me había cegado, llevándome a rechazar opiniones que, de haber escuchado, habrían cambiado mi percepción de la situación.

La teoría de juegos conductual, al integrar el concepto de exceso de confianza, me mostró que este sesgo es más que un simple error de juicio; es una barrera emocional que nos impide ver nuestras propias limitaciones. Al sobreestimar nuestras capacidades, construimos una imagen de nosotros mismos que se vuelve difícil de cuestionar. Aceptar que podemos estar equivocados o que hay aspectos de una situación que no entendemos plenamente requiere una humildad que va en contra de esa autopercepción idealizada. Pero la economía conductual me enseñó que reconocer nuestras limitaciones no es un signo de debilidad, sino de madurez y de verdadero conocimiento de uno mismo.

Superar el exceso de confianza requiere un proceso de desapego, una disposición a aceptar que la incertidumbre es una constante y que la seguridad absoluta es una ilusión. Empecé a practicar una forma de "duda constructiva", en la que, incluso cuando tenía certeza sobre una decisión, me obligaba a considerar los escenarios contrarios y a explorar los posibles riesgos. Este ejercicio me ayudó a ver que, aunque el optimismo puede ser motivador, la prudencia y la consideración de múltiples perspectivas son esenciales para una toma de decisiones equilibrada. La teoría de juegos conductual sugiere que este tipo de autoevaluación crítica es fundamental para tomar decisiones menos sesgadas y más informadas.

Otra herramienta que encontré útil fue crear una especie de "sistema de retroalimentación" en el que deliberadamente buscaba la opinión de personas con perspectivas distintas a la mía. Esta práctica me permitió ver mis decisiones desde ángulos que antes no consideraba y me ayudó a balancear mi confianza con la sabiduría de la experiencia y de las opiniones de otros. Al hacerlo, aprendí que el verdadero éxito en la toma de decisiones no reside en eliminar la confianza, sino en equilibrarla con la realidad de nuestras limitaciones y en abrazar la incertidumbre como una parte inevitable del proceso.

En última instancia, el exceso de confianza me enseñó que la verdadera competencia no está en tener todas las respuestas o en prever cada resultado, sino en ser conscientes de que el mundo es complejo y cambiante. Al aprender a reconocer la diferencia entre certeza y presunción, descubrí que la humildad en nuestras capacidades es la clave para tomar decisiones que no solo sean inteligentes, sino también sostenibles. La teoría de juegos conductual me permitió ver el exceso de confianza no como una debilidad, sino como una oportunidad para desarrollar una visión más clara y realista de mis propias habilidades y de las circunstancias que me rodean.

Capítulo 13: La Paradoja de la Elección y el Agotamiento Decisional

En el mundo actual, uno de los mayores desafíos que enfrentamos en la toma de decisiones es la **paradoja de la elección**. A medida que el número de opciones crece, también aumenta nuestra dificultad para tomar decisiones satisfactorias, y el proceso puede volverse agotador, frustrante e incluso paralizante. En teoría, tener más opciones debería llevarnos a tomar mejores decisiones, ya que podemos elegir lo que mejor se ajuste a nuestras necesidades. Sin embargo, la economía conductual muestra que el exceso de opciones puede generar una ansiedad por elegir correctamente, creando una sensación de insatisfacción continua y agotamiento emocional.

La teoría de juegos clásica, enfocada en la optimización de resultados, no tiene en cuenta esta sobrecarga emocional. Asume que los jugadores pueden evaluar objetivamente todas las opciones y elegir la que maximice su utilidad. Sin embargo, al enfrentar una gran variedad de opciones, nuestras mentes se ven atrapadas en un ciclo de indecisión. La economía conductual, con estudios de Barry Schwartz y otros, ha demostrado que un exceso de opciones puede reducir la capacidad para tomar decisiones claras, y en lugar de sentirnos satisfechos, tendemos a experimentar una sensación de arrepentimiento por las alternativas no elegidas.

Recuerdo momentos en los que, al enfrentarme a múltiples oportunidades de inversión, sentía una carga que iba más allá del análisis lógico. Evaluaba cuidadosamente cada opción, pero en lugar de sentirme empoderado, sentía una especie de parálisis. ¿Y si elegía la opción equivocada? ¿Y si una de las otras alternativas me ofrecía un beneficio que no estaba considerando? Esta mentalidad me llevaba a alargar el proceso de decisión, revisando cada opción repetidamente en busca de una certeza que nunca llegaba. Schwartz explica que este fenómeno, la paradoja de la elección, no solo disminuye nuestra satisfacción con la elección final, sino que también incrementa el riesgo de no tomar ninguna decisión, atrapados en un ciclo de análisis sin fin.

El agotamiento decisional es una consecuencia directa de esta sobrecarga de opciones. A medida que tomamos más decisiones, nuestra capacidad mental se agota, y con ella disminuye la calidad de nuestras elecciones. Kahneman, en su obra sobre las decisiones rápidas y lentas, sugiere que la mente tiene una reserva limitada de energía para tomar decisiones, y que cada decisión, por pequeña que sea, consume parte de esa energía. En mis propias experiencias, he comprobado cómo, tras largas horas de evaluación, mi mente perdía claridad y mi capacidad de análisis se deterioraba. Las decisiones que tomaba en un estado de agotamiento decisional eran menos informadas y, a menudo, menos satisfactorias.

Para enfrentar esta paradoja de la elección y evitar el agotamiento decisional, comencé a desarrollar estrategias que me ayudaran a reducir la sobrecarga de opciones y a simplificar el proceso de toma de decisiones. Una de las técnicas que descubrí fue la **priorización de criterios**, es decir, establecer de antemano los factores que realmente importan en cada decisión y dejar de lado aquellos detalles que, aunque puedan parecer relevantes, no afectan significativamente el resultado. Al limitar los criterios a unos pocos factores clave, me resultaba más fácil descartar opciones que no cumplían con esos requisitos básicos, lo que simplificaba enormemente el proceso.

También empecé a adoptar un enfoque de "buenas suficientes" en lugar de "perfectas". Schwartz explica que, en lugar de buscar la opción perfecta, que puede ser inalcanzable o inexistente, una decisión satisfactoria y funcional es muchas veces la mejor elección. Este enfoque me ayudó a reducir la ansiedad que venía con cada decisión y a aceptar que, en un mundo de opciones infinitas, la perfección es una ilusión. Aceptar esto fue liberador, porque dejé de enfocarme en lo que "podría haber sido" y comencé a centrarme en el valor real de mis decisiones.

Otro aspecto fundamental fue la gestión de mis propios recursos mentales. Empecé a ser más consciente de cuándo me encontraba en un estado de agotamiento decisional y a darme permiso para tomar descansos, para permitir que mi mente se recargara antes de enfrentar nuevas decisiones. La economía conductual me enseñó que la fatiga mental no es un obstáculo menor, sino un factor que puede distorsionar nuestras elecciones y, en última instancia, la dirección de nuestras vidas. La teoría de juegos conductual, al incorporar este concepto, nos invita a ver la toma de decisiones no solo como un acto de racionalidad, sino como un proceso que requiere equilibrio y autocuidado.

Al final, la paradoja de la elección y el agotamiento decisional me enseñaron que el verdadero poder de la elección no reside en tener opciones infinitas, sino en saber limitar y dirigir nuestras elecciones de manera que nos acerquen a nuestras metas sin sobrecargar nuestra mente. Aprendí que, en muchos casos, menos es más, y que la satisfacción no viene de explorar todas las opciones posibles, sino de tomar decisiones que sean coherentes con nuestros valores y nuestras prioridades. La teoría de juegos conductual me permitió ver que, en la toma de decisiones, la verdadera libertad no está en elegir entre todas las posibilidades, sino en desarrollar la sabiduría para elegir lo que realmente importa y en aceptar que, en la vida, cada elección es solo un paso en un camino en constante evolución.

Capítulo 14: La Ilusión de Control y la Tentación de Manipular el Incontrolable

Una de las reflexiones más profundas que he tenido en mi camino de autoconocimiento y de análisis de decisiones es sobre la **ilusión de control**, esa creencia tan persistente y peligrosa de que podemos prever y manejar todas las variables de una situación compleja. La teoría de juegos clásica, con su enfoque en la racionalidad y el cálculo de probabilidades, refuerza esta idea al asumir que los jugadores tienen control sobre los resultados si optimizan sus decisiones correctamente. Pero la economía conductual nos enseña una lección más cruda: la mayor parte de lo que sucede está fuera de nuestro control, y es esta misma imprevisibilidad lo que convierte la vida en un verdadero juego.

La ilusión de control se manifiesta en muchas áreas de la vida y especialmente en el mundo de las inversiones y los negocios, donde tendemos a creer que nuestros análisis y estrategias pueden anticipar cualquier contingencia. Kahneman y Tversky explican que esta ilusión no es simplemente un error de cálculo, sino una reacción psicológica, una forma de enfrentar la incertidumbre con una falsa seguridad. Al asumir que podemos controlar el entorno o predecir el comportamiento de los demás con certeza, estamos, en realidad, intentando negar nuestra vulnerabilidad. Este intento de manipular el azar es una defensa que nos protege de reconocer que no siempre tenemos el poder que creemos poseer.

Recuerdo momentos en los que, convencido de mi capacidad para controlar el resultado de mis decisiones, me sumergí en estrategias complejas, analizando cada posible variable y ajustando cada detalle en un esfuerzo por asegurarme de que todo saliera según lo planeado. Pero, inevitablemente, surgían factores externos: cambios en el mercado, decisiones de otros jugadores, circunstancias imprevistas que, una y otra vez, demostraban que mi control era una ilusión. El impacto de estos eventos no solo afectaba mis resultados, sino también mi sentido de seguridad. Me dejaban con la sensación de que, por mucho que me esforzara, había aspectos que siempre escaparían a mi influencia.

La teoría de juegos conductual ofrece una perspectiva crucial sobre esta tendencia. En lugar de alentar la ilusión de control, reconoce la naturaleza incierta de la mayoría de las decisiones, sugiriendo que la verdadera habilidad no está en intentar manipular cada detalle, sino en desarrollar una disposición a adaptarse a lo inesperado. Este cambio de enfoque fue revelador para mí. Al darme cuenta de que el control absoluto era imposible, empecé a desarrollar una actitud más flexible, una mentalidad que me permitía enfrentar las sorpresas con curiosidad en lugar de resistencia. Este cambio no solo redujo mi ansiedad, sino que también me dio una nueva libertad: la libertad de soltar y de aceptar que cada decisión es solo una parte de un sistema en el que no siempre seré el protagonista.

Para cultivar esta disposición a aceptar lo incontrolable, comencé a aplicar un principio que llamo "rendición estratégica". La rendición estratégica no es pasividad, sino una aceptación consciente de los límites de nuestro control, una disposición a ceder en aspectos donde el esfuerzo por controlar sería inútil. En lugar de luchar contra cada variable incierta, aprendí a identificar aquellos elementos que realmente podía influenciar y a enfocarme en ellos, dejando que lo demás siguiera su curso. Este enfoque no solo me ayudó a evitar la frustración, sino que me permitió invertir mis energías en decisiones más relevantes y en acciones que realmente estaban bajo mi influencia.

También me di cuenta de que la ilusión de control estaba vinculada a un deseo profundo de perfección, de crear una narrativa donde cada decisión llevara inevitablemente al éxito. Al ver este deseo como un obstáculo, me liberé de la necesidad de tener siempre un resultado ideal. Al aceptar la imperfección, descubrí que el verdadero crecimiento en la toma de decisiones no está en asegurar un resultado perfecto, sino en aprender de cada experiencia, en encontrar el valor en cada error y en cada fracaso. La teoría de juegos conductual me enseñó que la vida es un equilibrio constante entre lo que podemos controlar y lo que debemos aceptar, y que el éxito no se mide solo por los resultados, sino por nuestra capacidad de adaptarnos y de mantener la calma en medio de la incertidumbre.

El reconocimiento de esta ilusión también me llevó a valorar el concepto de "margen de seguridad", una estrategia en la que tomamos decisiones dejando un espacio de flexibilidad, un colchón que nos permite absorber el impacto de eventos inesperados sin sentirnos desbordados. Este margen de seguridad se convirtió en una herramienta poderosa, ya que, en lugar de actuar con la presunción de que todo saldrá según lo planeado, actuaba con la prudencia de alguien que sabe que la vida es impredecible. Cada vez que tomaba una decisión con un margen de seguridad, me sentía más preparado para enfrentar cualquier desenlace y más en paz con la idea de que, si algo no salía bien, no era necesariamente un reflejo de mi falta de habilidad o de previsión.

Al final, la ilusión de control y la aceptación de nuestros límites se convirtieron en lecciones esenciales de humildad y de autoconocimiento. Comprendí que el verdadero poder no está en controlar cada aspecto de nuestras vidas, sino en aceptar que, en última instancia, hay fuerzas mayores que trascienden nuestra voluntad. Este acto de rendición estratégica me permitió ver cada decisión no como una obligación de éxito, sino como una oportunidad de aprendizaje y de crecimiento.

La teoría de juegos conductual me enseñó que, en el juego de la vida, la habilidad no está en ganar cada vez, sino en aprender a jugar, en saber cuándo perseverar y cuándo rendirse, en encontrar equilibrio entre nuestra voluntad y las fuerzas que nos rodean. La verdadera sabiduría está en reconocer que, aunque no siempre podemos controlar el resultado, siempre podemos controlar nuestra respuesta, y que esta respuesta, al final, es el único control real que poseemos.

Capítulo 15: La Influencia de las Expectativas y el Peso Invisible de la Anticipación

Al analizar profundamente mis decisiones y los momentos en que mis expectativas influyeron en mis acciones, comprendí el enorme poder de la anticipación en nuestras vidas. La **influencia de las expectativas** es un fenómeno que nos lleva a construir mentalmente escenarios ideales o terribles antes de que sucedan, condicionando nuestras emociones y decisiones de forma anticipada. En teoría, la racionalidad nos sugiere actuar basándonos en la realidad presente y en los datos concretos, pero la economía conductual revela que las expectativas, ya sean positivas o negativas, distorsionan nuestra percepción y nublan nuestro juicio, creando una especie de profecía autocumplida que puede llevarnos a actuar de manera irracional.

Daniel Kahneman, en su exploración de la mente humana, explica que las expectativas tienen una fuerza casi hipnótica, atrapándonos en escenarios futuros que condicionan nuestro presente. En los momentos previos a tomar una decisión importante, ya sean inversiones, cambios de vida o relaciones, las expectativas pueden ser tan absorbentes que actuamos como si ya supiéramos el desenlace. Recuerdo momentos en los que mi anticipación de éxito me llevó a asumir riesgos innecesarios, convencido de que el resultado que esperaba estaba prácticamente garantizado. Otras veces, el miedo al fracaso me impedía actuar, atrapándome en la duda y paralizándome ante la posibilidad de una decepción.

La teoría de juegos clásica no considera el impacto emocional de la anticipación en la toma de decisiones; asume que cada jugador actúa racionalmente en función de las probabilidades objetivas. Sin embargo, la economía conductual nos enseña que nuestras mentes están siempre proyectando futuros, y que esos futuros imaginados crean un peso invisible que altera nuestro sentido del riesgo y la recompensa. El problema es que, cuando anticipamos resultados de manera constante, empezamos a vivir más en esos futuros imaginarios que en el presente, y nuestras decisiones se ven afectadas por estos mundos mentales que construimos.

Una de las formas en que las expectativas afectan nuestra percepción es a través de lo que Kahneman y Tversky describen como el **efecto de certeza**. Este efecto nos hace sentir que los resultados que imaginamos son más ciertos y probables de lo que realmente son, lo que nos lleva a actuar con una confianza que no siempre está justificada. En mis inversiones, me encontraba a menudo proyectando los posibles beneficios, visualizando un éxito que aún no existía y tomando decisiones en función de ese "futuro" que ya consideraba casi seguro. Esta tendencia a dar por hecho lo que solo era una posibilidad me hacía más vulnerable a la decepción, y el peso de esa expectativa no cumplida generaba una frustración que afectaba mis decisiones posteriores.

Por otro lado, las expectativas negativas o temores también tienen un impacto similar. En muchas ocasiones, me vi atrapado en escenarios pesimistas, anticipando problemas o dificultades que, en realidad, nunca llegaron a materializarse. La economía conductual describe este fenómeno como una forma de **sesgo de aversión al riesgo**, donde la mente, al temer un desenlace negativo, sobreestima la probabilidad de que ocurra. En lugar de actuar con la libertad de quien evalúa cada opción con objetividad, me encontraba evitando oportunidades simplemente porque el temor de un posible fracaso me hacía ver los riesgos como inevitables.

Para superar la influencia de las expectativas en mis decisiones, tuve que aprender a practicar el desapego del resultado. La teoría de juegos conductual me mostró que, en lugar de anticipar cada resultado y de proyectar deseos o temores, lo más efectivo era centrarme en el proceso, en las decisiones individuales y en la realidad presente. Practicar el desapego del resultado fue transformador: me permitió actuar sin estar atado a un éxito o a un fracaso anticipado, enfocándome en hacer lo correcto en cada momento sin la presión de un futuro imaginario.

Otra herramienta poderosa fue el desarrollo de la **adaptabilidad emocional**. Aprendí a aceptar que, independientemente de mis expectativas, cada decisión tendría un resultado incierto y que esa incertidumbre era parte integral del proceso. Al liberar mis decisiones de la expectativa de un desenlace específico, empecé a tomar decisiones con mayor libertad, sabiendo que, sin importar el resultado, podría adaptarme y aprender de cada experiencia. Este enfoque me ayudó a enfrentar el miedo al fracaso y la ansiedad por el éxito, equilibrando mis emociones y viendo cada elección como una oportunidad de crecimiento, no como un medio para validar o invalidar mis deseos.

También descubrí que, al reducir el peso de las expectativas, podía recuperar la motivación intrínseca en mis decisiones. Cuando nuestras decisiones están atadas a un resultado externo, la satisfacción solo llega si ese resultado se materializa. En cambio, al actuar sin anticipar un final específico, me encontraba más motivado por el proceso mismo, por la experiencia y por el aprendizaje que cada decisión traía consigo. La teoría de juegos conductual me enseñó que, en lugar de vivir en función de un futuro que puede o no cumplirse, el verdadero valor está en cada paso que damos, en cada decisión que tomamos con plena conciencia y en cada momento de incertidumbre que enfrentamos con una mente abierta y adaptable.

Al final, comprendí que las expectativas son inevitables, pero que no debemos permitir que determinen nuestras decisiones. Aprendí que el verdadero arte de la toma de decisiones está en vivir plenamente en el presente, en actuar sin estar obsesionados con el desenlace y en aceptar que la vida no se trata de controlar el futuro, sino de construir un camino que tenga sentido a cada paso. La teoría de juegos conductual me mostró que, en el juego de la vida, la victoria no siempre está en ganar, sino en aprender a jugar con libertad, en soltar las expectativas y en vivir cada decisión como un acto de autodescubrimiento y de exploración, sin la carga de un futuro que aún no ha llegado.

Capítulo 16: El Peso del Compromiso y la Dificultad de Renunciar a una Decisión

La mayoría de nosotros estamos inclinados a perseverar en nuestras decisiones, especialmente cuando hemos invertido tiempo, esfuerzo o recursos en ellas. Este **peso del compromiso** o "escalada de compromiso" no solo se convierte en una trampa emocional, sino que también afecta profundamente nuestra habilidad para ver con claridad cuándo una decisión ya no tiene sentido. La teoría de juegos clásica sugiere que los jugadores actuarán racionalmente en cada momento, sin importar su pasado, y que abandonarán una estrategia o camino cuando deje de ser rentable o efectivo. Sin embargo, la economía conductual nos muestra que el compromiso genera una especie de inercia psicológica, un lazo emocional que nos hace mantenernos en una trayectoria incluso cuando ya no es la más beneficiosa.

A nivel personal, el compromiso ha sido un factor decisivo en muchas de mis elecciones. En varias ocasiones, me encontré siguiendo un camino simplemente porque ya había invertido demasiado en él como para retroceder, como si cada decisión previa me fuera atando cada vez más a un resultado que se iba desmoronando. Kahneman explica que esta persistencia no es solo un reflejo de la esperanza, sino una reacción humana profundamente enraizada: renunciar a algo en lo que hemos puesto tanto esfuerzo nos enfrenta con una pérdida emocional que va más allá de la simple pérdida material. Nos obliga a cuestionar si las decisiones que tomamos en el pasado fueron realmente acertadas, y la disonancia cognitiva que genera esa reflexión suele ser tan incómoda que preferimos evitarla.

El compromiso crea una especie de túnel emocional, donde cada paso que damos parece reforzar la necesidad de seguir adelante, cegándonos ante las señales que nos indican que el mejor curso de acción podría ser detenernos. En el mundo de las inversiones, esta trampa se manifiesta cuando una decisión que inicialmente parecía prometedora empieza a mostrar indicios de que no dará los frutos esperados. Aun así, el esfuerzo invertido nos lleva a seguir alimentando la expectativa de éxito, convencidos de que, si perseveramos un poco más, los resultados cambiarán. Pero la economía conductual nos recuerda que esta tenacidad puede ser una ilusión, una muestra de cómo el peso del compromiso distorsiona nuestra percepción de la realidad.

Esta tendencia de mantener el rumbo, aun cuando el panorama ya no sea favorable, también se alimenta del deseo de evitar el arrepentimiento. Nos resulta más fácil justificar las decisiones pasadas al persistir en ellas, al menos temporalmente, en lugar de aceptar que un cambio de dirección sería lo más sensato. Es una especie de mecanismo de defensa que nos ayuda a evitar la incomodidad de dudar de nuestro propio juicio. Nos decimos que el fracaso no es una opción, que es mejor aguantar un poco más antes de admitir que una decisión no está funcionando. Pero, en ese proceso, no solo arriesgamos nuestros recursos, sino que perdemos la oportunidad de redirigir nuestros esfuerzos hacia caminos más prometedores.

Enfrentar esta trampa del compromiso implicó para mí desarrollar una mentalidad de desapego calculado. Me obligué a practicar una especie de autoevaluación periódica en la que, independientemente de mi grado de compromiso, cuestionaba la relevancia actual de cada decisión y me preguntaba si aún valía la pena continuar. La teoría de juegos conductual, al abordar esta dinámica, sugiere que la toma de decisiones efectiva no se basa solo en la perseverancia, sino también en la capacidad de adaptarse y de rediseñar el camino en función de la realidad cambiante. Aceptar que no siempre "más esfuerzo" es igual a "mejor resultado" fue un cambio de paradigma que me ayudó a ver mis decisiones como puntos en una trayectoria flexible, no como compromisos rígidos e inalterables.

Este desapego calculado no es una renuncia al esfuerzo o a la perseverancia, sino una aceptación de que el valor de una decisión se mide en función de su relevancia actual y no del esfuerzo pasado. Aprendí a ver cada compromiso como una elección renovable y no como una obligación perpetua. Empecé a darme cuenta de que, en el fondo, las decisiones no pierden su valor cuando elegimos abandonarlas; de hecho, muchas veces el verdadero aprendizaje y la verdadera fuerza están en saber cuándo soltar.

Otra herramienta poderosa que descubrí fue el uso de **umbrales de salida** predefinidos. Establecer umbrales de pérdida o de ganancia antes de tomar una decisión me dio una referencia clara de cuándo era el momento de retirarme. Este enfoque práctico me permitió tomar decisiones más objetivas, evitando que el peso emocional del compromiso me empujara a mantenerme en una inversión o en una estrategia más allá de lo razonable. Saber de antemano cuáles serían mis límites me ayudó a actuar con una mente más libre y a evitar la carga del arrepentimiento.

Pude comprender, con el tiempo, que el compromiso no es sinónimo de éxito y que, a menudo, la renuncia es una muestra de sabiduría y no de debilidad. La economía conductual me mostró que no siempre debemos honrar cada inversión o cada esfuerzo con la continuidad. En muchas ocasiones, cambiar de rumbo puede ser el acto más racional, el verdadero signo de un jugador consciente y adaptativo en el juego de la vida.

Capítulo 17: El Anhelo de Consistencia y la Trampa de la Coherencia Interna

Una de las fuerzas más poderosas que guían nuestras decisiones es el **anhelo de consistencia**, la necesidad de mantener nuestras acciones y creencias en armonía para construir una identidad coherente y sólida. Este impulso, tan natural y tan humano, nos lleva a evitar las contradicciones internas y a resistirnos a los cambios, aun cuando esos cambios serían beneficiosos o necesarios. En la teoría de juegos clásica, se asume que los jugadores toman decisiones de manera óptima y que la coherencia en sus elecciones es una característica natural de su racionalidad. Sin embargo, la economía conductual revela que esta búsqueda de consistencia puede convertirse en una trampa psicológica que nos empuja a actuar en contra de nuestro propio interés, simplemente para evitar la incomodidad de revisar nuestras creencias y acciones previas.

A lo largo de los años, he podido observar cómo este deseo de consistencia ha influido en mis decisiones de forma sutil pero persistente. En algunas inversiones y proyectos, a pesar de que las circunstancias habían cambiado y las señales apuntaban hacia una retirada, continué en el mismo rumbo, como si renunciar a esa trayectoria significara admitir una falta de coherencia en mis juicios iniciales. La consistencia se convirtió en una especie de armadura protectora que me impedía cuestionar mis decisiones pasadas, ya que reconocer que una elección no había sido la correcta implicaba romper con la narrativa que había construido sobre mí mismo. Kahneman y Tversky describen este fenómeno como **disonancia cognitiva**, un malestar interno que surge cuando nuestras acciones no se alinean con nuestras creencias y que nos empuja a justificar y racionalizar nuestras decisiones para evitar esa incomodidad.

La disonancia cognitiva no es simplemente una molestia; es una barrera que nos protege del dolor de la autoevaluación. En lugar de enfrentarnos a la posibilidad de que nuestras decisiones pasadas fueron erróneas, tendemos a encontrar argumentos que refuercen nuestra postura inicial. Nos decimos que debemos "mantenernos firmes" o que "la coherencia es clave", convencidos de que al mantener la línea estamos siendo fieles a nuestros principios, cuando en realidad estamos defendiendo una narrativa personal que nos brinda seguridad. Este anhelo de consistencia me ha llevado, en más de una ocasión, a ignorar oportunidades de cambio o de ajuste, a evitar salidas que habrían sido más beneficiosas, solo para preservar la imagen de una identidad coherente.

La economía conductual nos invita a desafiar esta noción de consistencia como virtud absoluta. En lugar de ver la coherencia como una señal de fortaleza, esta perspectiva propone que la verdadera fortaleza está en la flexibilidad, en la capacidad de reevaluar nuestras decisiones sin ver la adaptabilidad como una traición a nosotros mismos. Este enfoque me ayudó a ver que la coherencia interna no significa aferrarse ciegamente a nuestras creencias, sino ser capaces de aceptar y ajustar nuestro juicio a medida que obtenemos nueva información. La consistencia, cuando se vuelve rígida, se convierte en una prisión que limita nuestra capacidad de actuar libremente y de explorar nuevas posibilidades.

Para superar esta trampa de la coherencia interna, empecé a trabajar en la práctica de lo que llamo **adaptación consciente**. Adaptarse conscientemente no es simplemente cambiar de dirección cada vez que surge una dificultad, sino evaluar honestamente si las circunstancias justifican una modificación en nuestras creencias o acciones. Este proceso me permitió enfrentar la disonancia cognitiva con una mente abierta, reconociendo que mi identidad no se define únicamente por la consistencia de mis decisiones, sino por mi disposición a aprender de cada experiencia, aun cuando eso signifique cambiar de opinión o abandonar una postura anterior.

El ejercicio de la adaptación consciente también me enseñó a replantear la noción de éxito. Durante mucho tiempo, asocié el éxito con la persistencia, con la habilidad de "mantenerse firme" en cada decisión, sin darme cuenta de que el éxito verdadero no siempre consiste en llegar hasta el final de un camino, sino en reconocer cuándo un desvío puede llevarnos a un destino más significativo. Al dejar de ver la coherencia como una meta en sí misma, descubrí una nueva libertad para tomar decisiones que no se basaran en una identidad fija, sino en un proceso de autodescubrimiento y de evolución continua.

Además, comencé a practicar lo que los psicólogos conductuales llaman **distancia temporal**. Este método consiste en imaginar cómo se vería una decisión desde la perspectiva del futuro, en cómo me sentiría con esa elección meses o años después de tomarla. La distancia temporal me ayudó a liberar mis decisiones del peso de la coherencia inmediata, permitiéndome ver cada elección en función de su impacto a largo plazo, no en función de la necesidad de ser consistente en el presente. Esta práctica se convirtió en un recurso invaluable para reducir la disonancia cognitiva y para tomar decisiones que no solo fueran fieles a mis principios, sino que también estuvieran alineadas con un propósito más amplio y duradero.

Finalmente, el anhelo de consistencia me mostró que la verdadera coherencia no está en aferrarnos a cada decisión pasada, sino en construir una narrativa de nosotros mismos que evoluciona con el tiempo, una narrativa que abraza el cambio y la adaptabilidad como una forma de crecimiento. Al entender que la coherencia no es un destino fijo, sino un proceso de autoconocimiento, pude liberar mis decisiones de la presión de ser perfectamente consistentes y, en su lugar, empecé a valorar cada experiencia como una oportunidad para redefinir mi camino y para explorar nuevas direcciones.

Este aprendizaje me enseñó que la identidad, lejos de ser una estructura rígida, es un proceso dinámico y en constante cambio. La teoría de juegos conductual me permitió ver que, en el juego de la vida, la flexibilidad y la adaptabilidad son cualidades tan valiosas como la persistencia y que, en última instancia, el verdadero éxito radica en nuestra capacidad para adaptarnos y crecer, sin sentir que la necesidad de consistencia interna nos impide explorar nuevos horizontes y redescubrirnos a cada paso.

Capítulo 18: La Trampa del Análisis Excesivo y el Parálisis por la Evaluación Infinita

En el mundo de la toma de decisiones, existe una paradoja sutil pero poderosa: la búsqueda de la certeza, la insistencia en analizar cada opción al detalle en un intento de minimizar los riesgos, que a menudo conduce a la inacción. Este fenómeno, conocido como **parálisis por análisis**, surge cuando el deseo de evaluar todas las posibilidades nos impide dar un paso final. La teoría de juegos clásica, que asume que cada jugador actúa con información completa y en perfecta racionalidad, no contempla esta trampa. Pero la economía conductual revela que, en la práctica, el análisis excesivo puede ser tan paralizante como el desconocimiento, ya que nos lleva a un ciclo interminable de evaluación sin una decisión clara.

A lo largo de mi experiencia, el análisis excesivo se ha presentado como un obstáculo en numerosas ocasiones. A veces, en mi afán por alcanzar una decisión "perfecta", caía en un ciclo de recolección y evaluación de datos, creyendo que una mayor cantidad de información me ofrecería una mayor certeza. Sin embargo, esta búsqueda de certeza se convirtió en una forma de procrastinación disfrazada de preparación. La realidad es que, en muchas situaciones, la información completa y absolutamente confiable es un ideal inalcanzable, y la decisión perfecta simplemente no existe. En el mundo de las inversiones, esta trampa se vuelve particularmente insidiosa: cada nueva variable o proyección parece crucial, y cada dato parece requerir una reevaluación de lo que parecía una opción adecuada.

La parálisis por análisis tiene su raíz en lo que los economistas conductuales describen como **aversión a la ambigüedad**. Como seres humanos, buscamos reducir la incertidumbre y evitar el riesgo de lo desconocido, y el análisis exhaustivo nos brinda una sensación temporal de control. Sin embargo, esta necesidad de control es ilusoria. Kahneman y Tversky sugieren que el exceso de análisis no es realmente un reflejo de racionalidad, sino una manifestación de nuestra incapacidad para aceptar la incertidumbre inherente a cada decisión. La mente se aferra a la idea de que, con suficiente información, el riesgo desaparecerá, cuando, en realidad, esa acumulación de datos solo incrementa la complejidad y nuestra ansiedad ante la decisión.

Este afán por el análisis perfecto me llevó a comprender que, en muchos casos, la perfección es enemiga de la acción. La teoría de juegos conductual propone que, en lugar de buscar la certeza absoluta, debemos aprender a tomar decisiones bajo condiciones de incertidumbre, aceptando que toda elección conlleva un grado de riesgo. Esta aceptación de la incertidumbre no significa actuar de manera imprudente, sino desarrollar una habilidad para identificar el momento en que el análisis ha dejado de ser útil y ha comenzado a convertirse en un obstáculo.

Para superar la trampa del análisis excesivo, comencé a practicar lo que denomino **análisis suficiente**. Esta técnica implica definir de antemano la cantidad de información que considero esencial para tomar una decisión informada, y detener el análisis una vez que esa cantidad ha sido alcanzada. En lugar de permitirme caer en la tentación de buscar datos adicionales o de realizar evaluaciones interminables, me impongo un límite, recordándome que la certeza absoluta es un ideal inalcanzable y que cada minuto adicional de análisis solo me aleja de la acción. Este enfoque ha sido liberador, ya que me ha permitido tomar decisiones con una confianza razonable y ha reducido el tiempo que antes invertía en un proceso interminable de evaluación.

También descubrí que una herramienta útil para combatir la parálisis por análisis es el **compromiso con la acción experimental**. En lugar de ver cada decisión como un salto irreversible, empecé a adoptarla como una fase experimental en la que podía ajustar o retroceder según los resultados obtenidos. Este enfoque me ayudó a reducir el peso de cada decisión y a ver el proceso como un aprendizaje continuo, no como una única elección decisiva. Al aceptar que cada paso me ofrece nueva información, descubrí que la acción, aunque imperfecta, tiene un valor que el análisis no puede igualar.

La economía conductual también sugiere que la **acción iterativa** es una forma de romper el ciclo de análisis. En lugar de esperar a que todas las variables sean perfectas, se trata de actuar, observar los resultados, ajustar y continuar. Este enfoque es aplicable tanto en decisiones de vida como en inversiones, donde los cambios del mercado exigen una adaptabilidad constante. Al empezar a tomar decisiones de forma iterativa, entendí que cada paso me permite ajustar el curso según el contexto real, en lugar de quedarme atrapado en un modelo teórico. La acción iterativa no solo me ayudó a superar el análisis excesivo, sino que también me permitió desarrollar una relación más fluida con la incertidumbre, viendo cada decisión como una oportunidad de aprender y refinar mi comprensión del entorno.

Con el tiempo, comprendí que la parálisis por análisis no es simplemente un exceso de información, sino una barrera mental que nos aleja de la acción. Este exceso de análisis es, en realidad, una forma de miedo disfrazado, un intento de evitar el riesgo a través de una evaluación infinita. La teoría de juegos conductual me enseñó que el verdadero éxito en la toma de decisiones no está en prever cada posible resultado, sino en actuar con el conocimiento disponible, ajustando y aprendiendo en el camino. Al final, descubrí que, en la vida y en el juego, no se trata de encontrar el camino perfecto, sino de tener el coraje de avanzar con la mejor información disponible, confiando en que la capacidad de adaptarse es tan importante como la de planificar.

Este enfoque transformó mi relación con la toma de decisiones, permitiéndome ver cada elección no como un salto definitivo, sino como un proceso dinámico. Al aceptar que cada paso es parte de una secuencia y que los ajustes son inevitables, pude soltar la necesidad de certeza absoluta y, en su lugar, comencé a valorar el progreso sobre la perfección.

Capítulo 19: La Ilusión de Independencia y la Influencia Inconsciente del Entorno Social

Un aspecto crucial que la economía conductual revela es que nuestras decisiones, por más independientes que parezcan, están profundamente influenciadas por el entorno social en el que nos movemos. Este fenómeno, conocido como **influencia social** o "efecto de arrastre", nos lleva a adaptar nuestras decisiones en función de lo que percibimos como aceptable o deseable en nuestro círculo social, aunque esta influencia sea tan sutil que parezca casi imperceptible. En la teoría de juegos clásica, cada jugador es visto como un agente autónomo que toma decisiones en base a cálculos racionales sin que el contexto social modifique sus preferencias. Sin embargo, la economía conductual nos enseña que nuestro deseo de pertenencia y aprobación social moldea cada decisión, de una manera mucho más profunda de lo que solemos reconocer.

A lo largo de mi vida, esta ilusión de independencia me ha llevado a creer que mis decisiones eran completamente autónomas, que mi análisis era puramente racional y que no estaba afectado por las acciones o juicios de los demás. Pero cuando me detengo a examinar las elecciones más significativas, especialmente aquellas en el ámbito financiero y profesional, me doy cuenta de cuán influenciado estaba por los éxitos, fracasos, expectativas y normas de los que me rodeaban. Desde las inversiones que realicé motivado por las tendencias del mercado hasta las oportunidades profesionales que consideré, el peso de las decisiones ajenas y de las expectativas sociales siempre estuvo presente, aunque mi mente se resistía a reconocerlo.

La economía conductual sugiere que esta tendencia a seguir el consenso es una manifestación de lo que se conoce como **conformidad social**. Este concepto fue explorado en profundidad por Solomon Asch, quien mostró que las personas tienden a ajustar sus decisiones y percepciones para alinearse con el grupo, incluso cuando eso significa ignorar su propio juicio. Esta inclinación no solo nos afecta en decisiones triviales, sino también en aquellas que definen nuestras carreras y estilos de vida. Al creer que nuestras decisiones reflejan únicamente nuestras preferencias personales, subestimamos el poder de la conformidad y de la presión social en la formación de nuestros objetivos y de nuestras metas.

Recuerdo momentos en los que tomé decisiones siguiendo una "moda" o tendencia, convencido de que mi análisis estaba basado en una evaluación objetiva. En el mercado de inversiones, por ejemplo, seguí movimientos populares, como las criptomonedas o los NFT, sin cuestionar profundamente si estas oportunidades se alineaban realmente con mi estrategia personal. En el fondo, esta decisión estaba impregnada de un deseo de pertenencia, de sentir que estaba al nivel de quienes parecían haber encontrado el éxito en esas áreas. El entorno social, con sus triunfos y fracasos compartidos, es una fuerza que nos empuja a actuar no solo por lo que queremos, sino también por lo que tememos perder en términos de validación social.

Una de las consecuencias más sutiles de esta influencia social es que, cuando nuestras decisiones están en consonancia con las expectativas colectivas, experimentamos una mayor sensación de seguridad. El éxito en grupo parece ofrecer una validación extra, y el fracaso colectivo parece menos grave que el fracaso individual. Kahneman y Tversky exploraron esta tendencia en el contexto de las inversiones, demostrando que la **aversión a la disconformidad** es un sesgo psicológico que lleva a los individuos a actuar en línea con las tendencias, buscando evitar el riesgo de parecer "diferente" o "desviado" en sus elecciones. Este impulso a pertenecer puede cegarnos ante los riesgos reales de nuestras decisiones, ya que el deseo de alinearse con el grupo minimiza nuestra percepción del peligro.

Para enfrentar la ilusión de independencia y reducir la influencia del entorno social en mis decisiones, comencé a trabajar en la práctica de la **autoconciencia intencional**. Este proceso implica, antes de cada decisión, analizar si mis elecciones responden a mis propias convicciones o si, en cambio, están moldeadas por expectativas externas. En lugar de asumir que mis preferencias eran completamente mías, empecé a cuestionar activamente cada impulso, buscando identificar las raíces sociales que podrían estar en juego. Esta práctica no solo me ayudó a tomar decisiones más alineadas con mis valores personales, sino que también me permitió liberarme de la necesidad de validación constante que muchas veces me impulsaba a seguir el consenso.

Otra técnica útil fue establecer **criterios de decisión internos** que no dependieran del contexto social. Este enfoque consiste en desarrollar un marco de referencia personal, en el que los factores que influyen en cada elección provienen de mis metas y valores y no de las normas o expectativas de mi entorno. Al actuar dentro de un marco de referencia claro y definido, pude reducir la influencia de la conformidad social y evitar decisiones impulsadas por el deseo de aceptación o de pertenencia. Con el tiempo, esta práctica me ayudó a reconocer que mi sentido de identidad y de propósito no dependía de las opiniones o logros de los demás, sino de una comprensión más profunda de mis propios objetivos y prioridades.

La teoría de juegos conductual también sugiere que la verdadera independencia en la toma de decisiones no está en evitar completamente la influencia social, sino en desarrollar una capacidad de autoevaluación que permita diferenciar entre los deseos propios y las expectativas colectivas. Aprendí que ser consciente de la influencia del entorno no significa rechazar automáticamente cada sugerencia o tendencia externa, sino evaluar cada una desde una perspectiva crítica, entendiendo que la validación social no siempre es un signo de éxito.

Al final, el proceso de enfrentar la ilusión de independencia me enseñó que, en el fondo, la verdadera autonomía no reside en actuar siempre en contra del grupo, sino en actuar con plena conciencia de nuestras propias motivaciones. La economía conductual me mostró que el deseo de pertenencia es una necesidad humana básica, pero que también podemos aprender a gestionar esa necesidad de una forma que no limite nuestras elecciones, sino que las enriquezca.

Capítulo 20: El Sesgo de Resultado y la Tentación de Juzgar las Decisiones Solo por sus Consecuencias

A medida que reflexiono sobre mis experiencias, me doy cuenta de que otro sesgo ha influido profundamente en la manera en que evalúo mis decisiones: el **sesgo de resultado**. Este sesgo nos lleva a juzgar el valor de nuestras elecciones únicamente en función de sus consecuencias, sin tener en cuenta la calidad de la decisión en el momento en que fue tomada. En la teoría de juegos clásica, se asume que los resultados son la principal métrica de éxito; sin embargo, la economía conductual nos muestra que, aunque las consecuencias importan, reducir la evaluación de nuestras decisiones únicamente a los resultados puede distorsionar nuestra percepción de lo que realmente constituye una buena decisión.

Recuerdo que en varias ocasiones, especialmente en el ámbito de las inversiones, evaluaba el valor de mis decisiones basándome en el resultado final, como si una ganancia justificara automáticamente la decisión, o si una pérdida implicara que había actuado mal. Este enfoque me llevaba a ignorar factores importantes, como la calidad de la información disponible en ese momento, los análisis realizados y las estrategias empleadas. A menudo, si una inversión generaba beneficios, me encontraba reforzando esa decisión, aunque en el fondo sabía que había aspectos que podrían haberse gestionado de una manera más óptima. De forma similar, ante un mal resultado, era fácil caer en la trampa de asumir que había fallado en cada paso, pasando por alto las razones lógicas y fundamentadas que en su momento me llevaron a tomar esa elección.

Kahneman y Tversky señalaron que el sesgo de resultado está relacionado con nuestra tendencia a simplificar la realidad. La mente humana tiende a buscar causalidad, y juzgar una decisión en función de su resultado final parece una forma "lógica" de hacerlo. Sin embargo, al hacerlo, eliminamos de la ecuación los factores externos e impredecibles que también influyen en cada decisión. La teoría de juegos conductual propone que las decisiones deben evaluarse en función del proceso de razonamiento, de la estrategia empleada y de la calidad de la información, ya que el resultado final no siempre refleja estos elementos de manera precisa. Este enfoque me llevó a comprender que la verdadera calidad de una decisión no reside únicamente en su desenlace, sino en la solidez del proceso que la respalda.

Un error frecuente que cometía era ver el resultado como una validación o un rechazo de mis habilidades. En una inversión exitosa, me sentía reafirmado, como si el éxito fuera un reflejo directo de mis competencias, aunque muchas veces el mercado me favoreció por factores ajenos a mis análisis. De manera similar, un mal resultado me hacía cuestionar toda la decisión, interpretando la pérdida como un reflejo de mi propia incapacidad. Pero al adoptar el enfoque de la economía conductual, comencé a ver el sesgo de resultado como una barrera que me impedía una evaluación honesta. Acepté que, en el mundo real, la incertidumbre es un factor constante, y que una buena decisión puede llevar a un mal resultado, así como una decisión arriesgada puede llevar al éxito por pura casualidad.

Para reducir la influencia del sesgo de resultado, empecé a implementar un sistema de **evaluación de decisiones basada en el proceso**. Antes de juzgar una elección en función de sus consecuencias, analizo el contexto en el que fue tomada, los datos disponibles en ese momento y el razonamiento que la motivó. Este sistema me permite ver la decisión de manera más objetiva, enfocándome en los elementos que realmente estaban bajo mi control y en qué tan bien los gestioné. Al hacer esto, aprendí a valorar la calidad de mi proceso, independientemente del resultado, y esta práctica me ayudó a ver mis decisiones como experiencias de aprendizaje continuo.

Otra técnica valiosa que descubrí fue la **revisión retrospectiva consciente**. Este método consiste en analizar una decisión pasada y sus consecuencias, pero con un enfoque en los factores externos que pudieron haber influido en el desenlace. En lugar de centrarme en la ganancia o pérdida final, reviso el impacto de eventos imprevistos, como cambios en el mercado o en la economía, que estaban fuera de mi control. Esta revisión retrospectiva me permitió ver cada decisión desde una perspectiva más equilibrada y me ayudó a evitar culparme por resultados negativos que no reflejaban necesariamente la calidad de mi juicio en ese momento.

La economía conductual también sugiere que un enfoque basado en el proceso nos permite desarrollar una **mentalidad de crecimiento**. En lugar de ver cada resultado como una evaluación final de nuestras capacidades, vemos cada elección como una oportunidad de mejorar, de ajustar nuestras estrategias y de aprender de los factores que escaparon a nuestro control. Este enfoque me ha permitido encontrar un equilibrio entre la responsabilidad personal y la aceptación de la incertidumbre inherente a cada decisión, reduciendo así la autocrítica innecesaria que acompaña a los resultados desfavorables.

A través de esta nueva perspectiva, entendí que la evaluación de nuestras decisiones no debe depender de los resultados finales, sino de nuestra habilidad para construir un proceso de toma de decisiones sólido y bien fundamentado. Aprendí que, al reconocer y valorar el esfuerzo y la lógica detrás de cada elección, no solo reducimos la carga emocional de los resultados, sino que también desarrollamos una mayor confianza en nuestra capacidad para enfrentar futuros desafíos. La teoría de juegos conductual me mostró que, en última instancia, el verdadero éxito en la toma de decisiones está en mantener una mente abierta al aprendizaje y en saber que, aun cuando el desenlace no sea el esperado, el valor de una buena decisión siempre reside en el proceso que la sustenta.

Capítulo 21: La Euforia del Éxito y el Sesgo de Autoconfianza Excesiva

Uno de los efectos psicológicos más engañosos en el proceso de toma de decisiones es la **euforia del éxito**. Esta euforia, que experimentamos al obtener un resultado positivo, puede llevarnos a un estado de **autoconfianza excesiva** que distorsiona nuestra percepción de las decisiones futuras. La teoría de juegos clásica asume que cada jugador es consciente de sus propias habilidades y que no se ve influido por emociones derivadas de éxitos o fracasos previos. Sin embargo, la economía conductual revela que los triunfos pueden nublar nuestro juicio, llevándonos a actuar de forma menos analítica y a asumir riesgos que, en otras circunstancias, habríamos considerado imprudentes.

En mi experiencia, la euforia del éxito se ha presentado como una especie de "cóctel emocional" de confianza y satisfacción que tiende a enmascarar los riesgos. Tras obtener buenos resultados en una inversión o en una decisión profesional, la emoción y la confianza que esos logros generan me han llevado, en ocasiones, a replicar esa estrategia sin un análisis exhaustivo. Esta tendencia, a la que Kahneman y otros economistas conductuales llaman **sesgo de autoconfianza**, se basa en la falsa premisa de que el éxito pasado garantiza el éxito futuro, lo que puede llevarnos a ignorar señales de advertencia y a creer que somos inmunes al fracaso.

Este sesgo de autoconfianza excesiva crea una especie de "túnel de seguridad", en el que nuestras decisiones parecen respaldadas únicamente por la inercia de los logros anteriores. En lugar de evaluar cada situación como única y particular, la mente se aferra al éxito previo como un marco de referencia que creemos poder replicar. Recuerdo decisiones en las que, tras obtener ganancias en un mercado en crecimiento, asumí que ese éxito podía repetirse sin necesidad de adaptar mi estrategia al nuevo contexto. Esta autoconfianza me hizo subestimar los riesgos inherentes y llevó a decisiones impulsivas, como si el éxito pasado fuera una especie de "escudo" que me protegería de la incertidumbre.

Uno de los efectos más peligrosos de la autoconfianza excesiva es que nos hace olvidar que cada situación trae consigo sus propias variables y matices. La economía conductual sugiere que, al ignorar los factores que contribuyeron al éxito, creamos una narrativa de "superioridad" que puede llevarnos a infravalorar los riesgos reales y a sobreestimar nuestra capacidad para prever el futuro. **Richard Thaler** habla de esta tendencia como una "ilusión de control", donde creemos que nuestros éxitos previos son producto de una habilidad extraordinaria y no, al menos en parte, de factores externos o de pura fortuna.

Para mitigar este sesgo, empecé a implementar una práctica que llamo **análisis de humildad**. Este proceso consiste en analizar el éxito pasado desde una perspectiva objetiva, identificando no solo los aspectos positivos de la decisión, sino también los elementos de suerte o los factores externos que pudieron haber contribuido. Esta práctica me ha ayudado a mantener una visión equilibrada, recordándome que el éxito es, en muchas ocasiones, una combinación de habilidad y contexto favorable. Al reconocer que ciertos factores estaban fuera de mi control, puedo ver cada triunfo con una mentalidad más cauta y menos propensa a la euforia.

Otra técnica que me ha sido útil es el **principio de reversión al análisis básico**. Cada vez que experimento una racha de éxito, me obligo a volver a lo esencial, revisando los fundamentos y volviendo a los criterios de decisión básicos que utilizo en situaciones menos emocionantes. Este principio me ayuda a evitar el sesgo de autoconfianza y a evaluar cada oportunidad con el mismo rigor, sin permitir que el entusiasmo me lleve a ignorar las señales de advertencia. Este enfoque de revisión constante me permite tomar decisiones más equilibradas, recordándome que, aunque el éxito previo pueda ofrecer ciertas lecciones, no garantiza el éxito en el futuro.

La teoría de juegos conductual también sugiere que una de las mejores formas de gestionar la autoconfianza excesiva es a través de la **retroalimentación externa**. Rodearme de personas con perspectivas distintas y con el coraje de cuestionar mis suposiciones se ha convertido en una práctica esencial. En lugar de rodearme solo de personas que confirmen mis ideas, busco opiniones que me desafíen, que cuestionen las suposiciones optimistas que la euforia del éxito puede haber generado. Esta práctica me permite ver mis decisiones desde diferentes ángulos y evita que el sesgo de autoconfianza nuble mi capacidad para identificar los riesgos.

Con el tiempo, entendí que la verdadera seguridad en la toma de decisiones no proviene del éxito repetido, sino de la capacidad para ver cada elección con una mente fresca y con una disposición a adaptarse a las circunstancias cambiantes. Aprendí que el éxito no es una garantía de habilidad perpetua, sino una oportunidad para reconocer la importancia de la humildad y de la autocrítica. La economía conductual me mostró que la euforia del éxito puede ser un impulso engañoso y que, en el juego de la vida, la verdadera confianza no está en creer que siempre acertaremos, sino en reconocer que cada decisión merece el mismo cuidado y análisis, sin importar cuántas veces hayamos triunfado antes.

Este proceso de autoconciencia constante me enseñó que el éxito es, en última instancia, un terreno resbaladizo, que exige una vigilancia continua y una apertura a reevaluar nuestras estrategias. La teoría de juegos conductual me ha permitido ver que el verdadero valor en la toma de decisiones no está en acumular éxitos, sino en mantener la claridad y la modestia necesarias para aprender de cada experiencia, sin permitir que el orgullo o la autocomplacencia nos hagan olvidar que cada decisión es una oportunidad de mejora, no solo una validación de lo que creemos saber.

Capítulo 22: La Aversión a la Pérdida y el Temor Paralizante de Dejar Ir

Entre los sesgos más poderosos que moldean nuestras decisiones, pocos son tan dominantes como la **aversión a la pérdida**. Este sesgo, identificado por Kahneman y Tversky, describe nuestra tendencia a sentir el dolor de las pérdidas con mayor intensidad que el placer de las ganancias equivalentes. En otras palabras, perder nos afecta emocionalmente más que ganar, lo que nos lleva a evitar cualquier decisión que implique un riesgo de pérdida, incluso si la probabilidad de éxito es mayor. La teoría de juegos clásica asume que los jugadores buscan maximizar sus beneficios sin apegarse a las pérdidas o ganancias, pero la economía conductual revela que el temor a perder es una barrera psicológica que puede paralizarnos e impedir que tomemos decisiones racionales.

Mi propio historial de decisiones muestra cómo la aversión a la pérdida puede influir, no solo en las elecciones financieras, sino en todos los aspectos de la vida. Recuerdo ocasiones en las que, al enfrentar una posible pérdida, prefería mantenerme en un camino infructuoso antes que asumir el dolor emocional de aceptar un fracaso. Este sesgo me llevaba a mantener inversiones que ya no tenían sentido o a evitar decisiones arriesgadas que, con el tiempo, podrían haber resultado beneficiosas. En esos momentos, el temor a "dejar ir" se convertía en una trampa que me mantenía atado a decisiones pasadas, como si aceptar una pérdida fuera una derrota personal, y no una oportunidad de aprendizaje.

La aversión a la pérdida también provoca que sobrevaloremos lo que ya poseemos en comparación con lo que podríamos ganar, lo cual se conoce como **efecto de dotación**. Este fenómeno lleva a que el simple hecho de poseer algo le otorgue un valor emocional que va más allá de su valor objetivo. En mi experiencia, esto se ha manifestado en decisiones donde, al tener una inversión o proyecto en marcha, me resistía a abandonarlo, creyendo que perderlo significaría una desvalorización no solo del proyecto, sino también de mi propio juicio. En lugar de ver la pérdida como un cierre necesario, la veía como una prueba de mi capacidad, lo que dificultaba aún más soltar una inversión o un proyecto, aun cuando ya no tenía un propósito claro.

Para enfrentar la aversión a la pérdida, comencé a practicar una técnica que denomino **distanciamiento objetivo**. Esta técnica consiste en ver la pérdida potencial como un hecho separado de mi identidad o de mi valía personal. En lugar de enfocarme en el impacto emocional de la pérdida, trataba de observarla desde un ángulo más objetivo, evaluando las cifras y los beneficios reales de mantener o abandonar una decisión. Este enfoque me ayudó a reducir el impacto emocional de la aversión a la pérdida y a ver las decisiones de manera más equilibrada, recordándome que cada elección es una oportunidad de ajuste y no una medida de éxito o fracaso absoluto.

Otra estrategia valiosa que adopté fue el uso de **puntos de corte predefinidos**. Antes de tomar una decisión que implique riesgo, establezco un punto de salida específico, un límite de pérdida que me permita actuar con menos apego emocional. Este límite se convierte en una especie de "regla" que me ayuda a saber cuándo es el momento de soltar, sin que el apego a lo que ya tengo me paralice. Este enfoque estructurado me permitió aceptar que algunas pérdidas son inevitables y que, al limitar las pérdidas de antemano, puedo actuar con mayor libertad, sin temer el impacto emocional que pueda tener cada resultado.

La teoría de juegos conductual también enfatiza la importancia de la **redefinición de las pérdidas**. En lugar de ver una pérdida como algo exclusivamente negativo, comencé a adoptar la perspectiva de que cada pérdida es parte de un proceso de aprendizaje y ajuste. Ver la pérdida como una "inversión en conocimiento" me permitió liberarme del estigma emocional de las decisiones fallidas, dándome la oportunidad de aprender y mejorar sin sentir que cada error era un fracaso personal. Con este enfoque, pude ver cada elección, cada ganancia y cada pérdida, como un paso necesario en un proceso de crecimiento y no como un veredicto definitivo sobre mis habilidades.

A través de estas prácticas, comprendí que la aversión a la pérdida es, en última instancia, un obstáculo para la libertad de actuar de manera racional y efectiva. La economía conductual me mostró que la clave para superar este sesgo no está en eliminar el miedo a perder, sino en desarrollar una relación más sana con el concepto de pérdida, una relación que permita ver las decisiones con una mente abierta y sin el peso de las emociones pasadas. La verdadera habilidad, entonces, radica en aceptar que la pérdida es una parte inevitable del juego y en aprender a soltar, a avanzar y a construir desde cada experiencia, sin aferrarse a lo que ya no es relevante.

Este enfoque transformó mi manera de ver las decisiones y me permitió actuar con una libertad que antes creía imposible. Aprendí que la capacidad de avanzar no reside en evitar las pérdidas, sino en tener el coraje de enfrentarlas, de aprender de ellas y de continuar con un espíritu renovado. La teoría de juegos conductual me enseñó que la verdadera racionalidad no está en ganar siempre, sino en saber perder con la misma gracia, claridad y apertura con la que celebramos cada victoria.

Capítulo 23: El Dilema del Prisionero y la Revalorización de la Cooperación desde la Teoría de Juegos Conductual

En la teoría de juegos clásica, el **Dilema del Prisionero** se presenta como un juego de toma de decisiones racionales en el que dos personas enfrentan la opción de cooperar o traicionar al otro, con la expectativa de maximizar su beneficio individual. En este marco, la lógica parece indicar que la traición es la estrategia dominante, ya que protege contra la peor de las opciones si el otro elige traicionar. Sin embargo, la teoría de juegos conductual nos muestra que, en la realidad, la toma de decisiones se ve profundamente influida por aspectos emocionales, sociales y culturales que hacen de la cooperación una alternativa más deseable y razonable de lo que sugiere el modelo clásico.

Reflexionar sobre el Dilema del Prisionero me hizo ver cómo la teoría de juegos clásica, al enfocarse en la traición como un movimiento óptimo, en realidad ignora una gran parte del espectro emocional y social que afecta nuestras decisiones. En numerosas ocasiones, tanto en el ámbito laboral como en el personal, me he enfrentado a situaciones donde, bajo un análisis puramente racional, la "traición" o la autoprotección habrían sido lo más lógico. Sin embargo, las experiencias humanas reales no se limitan a un cálculo matemático; en ellas, la confianza y la reciprocidad desempeñan un papel fundamental. La teoría de juegos conductual, al integrar estos elementos, permite una comprensión más completa y ajustada de cómo la cooperación puede surgir y sostenerse incluso en situaciones de incertidumbre.

En la práctica, el Dilema del Prisionero me recordó cómo en el mundo profesional, por ejemplo, la colaboración suele ser una pieza clave para el éxito a largo plazo, a pesar de los riesgos que esto pueda implicar. En una de mis experiencias, al enfrentar un proyecto en el que podía elegir entre actuar en mi beneficio individual o colaborar abiertamente con mis colegas, me sentí tentado a priorizar mis propios intereses. En teoría, esta estrategia tenía sentido; sin embargo, la economía conductual me llevó a considerar factores más complejos: ¿Qué impacto tendría esta decisión en la relación de trabajo a largo plazo? ¿Cómo podría influir en mi reputación profesional y en la percepción que los demás tuvieran de mi disposición a cooperar? Al final, opté por la cooperación, no porque fuera lo que maximizaba el beneficio en ese momento, sino porque reconocía que, en el contexto real, la confianza y la reciprocidad suelen abrir más puertas que la competencia y el individualismo.

La teoría de juegos conductual aporta una comprensión fundamental sobre cómo el valor de la cooperación trasciende los resultados inmediatos, abordando aspectos como la **confianza** y la **reciprocidad** que afectan nuestras decisiones a nivel inconsciente. Kahneman y otros economistas conductuales sugieren que, a nivel psicológico, los humanos tenemos una inclinación natural a buscar relaciones de cooperación establecidas, ya que estas generan un ambiente de seguridad y de apoyo mutuo. En el modelo clásico del Dilema del Prisionero, se asume que los jugadores actúan de manera aislada, sin ningún interés en el bienestar de la relación. Sin embargo, en la vida real, nuestras decisiones están influenciadas por un deseo intrínseco de pertenencia y de construcción de confianza mutua, lo cual resalta cómo la teoría de juegos conductual aborda la complejidad de nuestras motivaciones de una manera más profunda.

Para mí, este dilema se convirtió en una especie de mapa que ilustra las decisiones que tomamos en un contexto social donde nuestras expectativas están en constante negociación con las de los demás. La teoría de juegos conductual demuestra que, cuando incorporamos la dimensión emocional y relacional, la cooperación surge como una estrategia que no solo beneficia a ambas partes, sino que contribuye a la creación de redes de apoyo y de confianza que son cruciales en cualquier contexto social o profesional. En lugar de ver la cooperación como una posible desventaja, como sugiere el modelo clásico, la teoría de juegos conductual nos permite entender cómo esta se convierte en una inversión a largo plazo en relaciones que aportan valor a ambas partes, incluso en escenarios de incertidumbre.

Una de las reflexiones más profundas que tuve a partir del Dilema del Prisionero y su interpretación conductual es cómo, en mi vida personal, la desconfianza a menudo me había llevado a tomar decisiones de autoprotección. En vez de abrirme a la posibilidad de una cooperación sincera, sentía que traicionar o evitar compromisos me protegía de posibles decepciones. Sin embargo, esta actitud me estaba limitando, creando una barrera que me impedía conectar profundamente con los demás y aprovechar las oportunidades de colaboración auténtica. La teoría de juegos conductual sugiere que, cuando adoptamos una postura defensiva, estamos reaccionando más a nuestras propias inseguridades que a la realidad de la situación. Esta perspectiva me permitió entender que, en muchos casos, el verdadero riesgo no está en cooperar, sino en encerrarse en una desconfianza que limita nuestras interacciones y oportunidades.

Para aplicar este enfoque en mi vida, empecé a implementar un método de **confianza selectiva**. En lugar de asumir que todos son potencialmente traicioneros o de confiar ciegamente en cualquier persona, comencé a construir confianza de manera gradual. Al observar la disposición y el comportamiento de las personas a lo largo del tiempo, podía tomar decisiones informadas sobre con quién valía la pena colaborar en proyectos de mayor alcance. Este enfoque me permitió ir más allá de la lógica binaria de cooperación-traición, que plantea el Dilema del Prisionero clásico, hacia una estrategia basada en la construcción de relaciones estables y mutuamente beneficiosas.

Además, comprendí que una de las claves para fomentar la cooperación es la **transparencia de intenciones**. La economía conductual destaca que, al comunicar de manera abierta nuestras metas y expectativas, reducimos la ambigüedad que a menudo alimenta la desconfianza. En mis proyectos profesionales, comencé a expresar claramente cuáles eran mis intereses y a preguntar por los intereses de mis colegas. Este acto de transparencia disminuía las sospechas y creaba un entorno en el que ambos nos sentíamos más cómodos para cooperar sin temer que la otra parte nos traicionaría. La teoría de juegos conductual revela que esta claridad es fundamental para la cooperación, ya que elimina la incertidumbre que el Dilema del Prisionero clásico simplemente ignora.

Otra reflexión importante fue entender que, en muchos casos, la cooperación no es una simple decisión entre "confiar o no confiar", sino una **serie de acciones acumulativas** que construyen confianza con el tiempo. Esta perspectiva cambió mi forma de ver las relaciones de trabajo y las amistades. En lugar de esperar que la confianza se diera de manera automática, empecé a ver cada pequeña acción como una oportunidad para construir una base sólida de cooperación. Esta acumulación de experiencias positivas genera lo que en la economía conductual se llama **capital social**: una red de apoyo y de confianza que refuerza las decisiones cooperativas y las hace más efectivas a lo largo del tiempo.

El Dilema del Prisionero, reinterpretado a través de la teoría de juegos conductual, me enseñó que el verdadero valor de la cooperación está en su capacidad para construir relaciones de confianza y redes de apoyo. En última instancia, la teoría de juegos conductual es superior a la clásica porque reconoce que nuestras decisiones no ocurren en un vacío, sino en un contexto social y emocional que moldea nuestras elecciones y nos impulsa a construir conexiones significativas.

Capítulo 24: El Juego del Ultimátum y la Influencia de la Justicia en las Decisiones Económicas

Otro de los juegos clásicos de la teoría de juegos, que ha provocado en mí una serie de reflexiones intensas, es el **Juego del Ultimátum**. En este juego, una persona (el "proponente") recibe una cantidad de dinero y debe decidir cuánto ofrecer a otra persona (el "receptor"), quien puede aceptar o rechazar la oferta. Si el receptor acepta, ambos reciben sus respectivas porciones. Sin embargo, si rechaza, ambos se quedan sin nada. La teoría de juegos clásica sostiene que el receptor debería aceptar cualquier oferta, incluso la más baja, ya que "algo es mejor que nada". Sin embargo, la economía conductual muestra que este razonamiento se desvanece ante el concepto de **justicia**. Los receptores suelen rechazar ofertas que perciben como injustas, incluso si eso implica una pérdida para ellos.

El Juego del Ultimátum me llevó a reflexionar sobre cómo, en la vida real, nuestras decisiones se ven influenciadas por una noción subjetiva de justicia que va más allá de los cálculos puramente racionales. Este juego ilustra cómo el sentido de equidad y la percepción de trato justo pueden ser determinantes en nuestras decisiones. En mi propia experiencia, me he encontrado en situaciones donde, a pesar de que la "oferta" o acuerdo parecía ventajoso en términos económicos, me sentía reacio a aceptarlo porque no reflejaba un trato justo. En negociaciones laborales, por ejemplo, he rechazado propuestas que, aunque económicamente beneficiosas, percibía como faltas de reconocimiento a mi esfuerzo. La economía conductual sugiere que este rechazo no es irracional, sino una respuesta natural a la percepción de injusticia, un instinto que muchas veces nos impulsa a priorizar el respeto y el reconocimiento sobre el beneficio monetario.

La teoría de juegos conductual revela que el valor de una oferta no se limita a su cuantía económica; incluye elementos subjetivos como la dignidad y la equidad percibida. En el modelo clásico del Juego del Ultimátum, se asume que los individuos solo buscan maximizar su ganancia monetaria. Sin embargo, en la práctica, he notado que el rechazo de ofertas "injustas" suele tener un fundamento emocional y social profundo. Este valor subjetivo de la equidad afecta cómo reaccionamos ante decisiones que involucran a otros. Cuando creemos que alguien no nos está dando lo que merecemos, el rechazo se convierte en una manera de proteger nuestra autoestima y de enviar un mensaje de inconformidad, a pesar de que esto implique una pérdida.

Empecé a ver cómo este sentido de justicia y de equidad influía en mis decisiones más de lo que me había dado cuenta. La economía conductual explica que el Juego del Ultimátum expone un fenómeno conocido como **aversión a la injusticia**, un sesgo que nos lleva a rechazar propuestas que consideramos moralmente inapropiadas, aunque estas puedan ser económicamente racionales. Este sesgo no solo es aplicable en las decisiones financieras, sino en muchos aspectos de la vida donde la percepción de justicia entra en juego. En situaciones de negociación, este principio me ayudó a entender por qué, en ocasiones, rechacé acuerdos favorables en términos de cifras, pero que me parecían moralmente desequilibrados o irrespetuosos. Al hacer esto, estaba priorizando mi dignidad y mi sentido de valor personal por encima de una ganancia material inmediata.

Reflexionando más allá del juego, comprendí que mi propia percepción de justicia no solo afecta mis decisiones, sino que también influye en cómo los demás me perciben y responden. La teoría de juegos conductual enfatiza que, en situaciones de interacción repetida, el compromiso con la equidad puede fortalecer las relaciones y mejorar los resultados a largo plazo. Aprendí que, al rechazar ofertas que percibía como injustas, no solo estaba protegiendo mi autoestima, sino también estableciendo límites que influían en el respeto y en la manera en que los demás se relacionaban conmigo en el futuro.

Para aplicar estas ideas de manera consciente, comencé a implementar una estrategia de **negociación basada en principios**. Esta técnica implica establecer de antemano los valores que son esenciales en cualquier acuerdo, como el respeto y la equidad, y expresar estos valores abiertamente al negociar. Al comunicar mis expectativas de manera clara, no solo reforzaba mi posición, sino que también creaba un ambiente de negociación donde ambas partes se sentían motivadas a alcanzar un acuerdo equilibrado. La economía conductual enseña que cuando los jugadores se comunican y negocian en función de principios compartidos, el conflicto y la desconfianza disminuyen, lo cual facilita la cooperación y mejora los resultados. Este enfoque me permitió llevar mis decisiones a un nivel más ético y equilibrado, donde el beneficio material no es el único factor determinante.

Además, el Juego del Ultimátum me enseñó a reconocer la importancia de la **empatía en las decisiones económicas**. Al comprender cómo las expectativas de justicia afectan la disposición de los demás a aceptar una oferta, pude ver que una negociación exitosa no se trata solo de obtener el mejor trato para mí, sino de proponer acuerdos que los demás consideren justos y razonables. La teoría de juegos conductual destaca que, al considerar las percepciones y sentimientos de los otros jugadores, es más probable que se logren acuerdos satisfactorios y sostenibles. Esta perspectiva transformó mi enfoque en las negociaciones, llevándome a adoptar una postura más equilibrada donde la empatía y el respeto por las expectativas ajenas se convertían en herramientas clave.

Finalmente, reflexionar sobre el Juego del Ultimátum y la aversión a la injusticia me ayudó a entender que muchas de mis decisiones no obedecen únicamente a un cálculo racional de ganancias y pérdidas, sino a un deseo profundo de reconocimiento y justicia. La teoría de juegos conductual me mostró que la satisfacción en una decisión no siempre está en el monto obtenido, sino en la calidad de la interacción y en el respeto mutuo. En este sentido, la teoría conductual se presenta como una perspectiva más completa que la teoría clásica, al capturar las complejidades de nuestras motivaciones y al resaltar la importancia de la justicia y la equidad en nuestras interacciones.

Con el tiempo, esta comprensión me ha permitido redefinir el éxito en las negociaciones y en las relaciones. Ya no se trata solo de "ganar" en términos económicos, sino de crear acuerdos donde ambas partes sientan que han sido tratadas con respeto y equidad. La economía conductual me enseñó que el valor de un trato justo, aunque intangible, tiene un impacto profundo y duradero en nuestra satisfacción personal y en la calidad de nuestras relaciones.

Capítulo 25: El Juego de la Confianza y la Fragilidad de la Cooperación

El **Juego de la Confianza** es otro modelo revelador en la teoría de juegos, especialmente cuando se observa desde el prisma de la economía conductual. En este juego, un jugador tiene la opción de ceder algo de valor a otro, confiando en que el receptor actuará de manera recíproca y devolverá algo a cambio. Sin embargo, si el segundo jugador decide no responder con reciprocidad, puede quedarse con el valor recibido sin retornar nada, maximizando sus beneficios a corto plazo a costa de la relación de confianza. La teoría de juegos clásica sugiere que la racionalidad nos llevaría a maximizar nuestra ganancia individual, sin embargo, la economía conductual argumenta que nuestras decisiones en este contexto están profundamente influenciadas por factores emocionales, como la lealtad y el temor a ser traicionados.

Este juego toca un punto sensible en mis experiencias personales y profesionales. Reflexionando sobre él, veo cómo la confianza ha sido un elemento frágil y complejo en mi vida, especialmente en situaciones donde la colaboración era esencial. La teoría clásica nos indica que, desde una perspectiva de maximización de beneficios, confiar puede ser una estrategia arriesgada. Sin embargo, en la práctica, he aprendido que la confianza es muchas veces el recurso más valioso que tenemos para construir relaciones que perduren y que generen beneficios a largo plazo. La economía conductual destaca que el miedo a la traición y la valoración de la reciprocidad son fuerzas que configuran nuestras decisiones mucho más allá de los cálculos racionales.

El Juego de la Confianza me hizo ver cómo mis propias elecciones de confiar o no confiar han estado influenciadas por una serie de experiencias pasadas y expectativas sociales que rara vez estaban basadas en un análisis lógico. En diversas ocasiones, cuando decidí confiar en alguien en el ámbito profesional, me vi atrapado en una especie de paradoja emocional: por un lado, la confianza me abría la puerta a colaboraciones y proyectos más profundos; pero, por otro, la posibilidad de ser traicionado creaba una tensión constante. La economía conductual sugiere que esta tensión se deriva del **sesgo de aversión a la traición**, que es la tendencia a temer ser traicionado más de lo que valoramos los beneficios potenciales de confiar. Este temor, aunque comprensible, puede limitar nuestras oportunidades de crecimiento y nos puede llevar a actuar de manera excesivamente cautelosa.

Para abordar esta paradoja, comencé a replantearme el concepto de confianza desde un enfoque progresivo, en el que no necesitaba entregar toda mi confianza de una sola vez, sino que podía construirla gradualmente. Empecé a aplicar una **estrategia de reciprocidad incremental**: en lugar de hacer una gran concesión de confianza, opté por pequeños actos de colaboración en los que ambos pudiéramos ir demostrando nuestra disposición a respetar el acuerdo. Esta estrategia no solo reduce el riesgo emocional, sino que también permite a ambas partes medir su disposición a mantener la confianza de forma sostenible. La economía conductual respalda este enfoque, mostrando que la confianza no es un recurso binario que se otorga o se retira por completo, sino un proceso que se construye y se fortalece a lo largo del tiempo.

Una de las lecciones más profundas que extraje del Juego de la Confianza fue entender que, en realidad, las decisiones de confiar o no confiar no se limitan solo a los beneficios o riesgos directos de esa interacción específica, sino que también afectan cómo percibimos el mundo y cómo los demás nos perciben. La teoría de juegos conductual nos enseña que las decisiones de confiar están vinculadas a nuestro sentido de identidad y de pertenencia, y que la reciprocidad es uno de los pilares sobre los cuales se construyen comunidades y redes de colaboración. Al comprender esto, me di cuenta de que al confiar en otros no solo estaba invirtiendo en una relación particular, sino también en una red de confianza que, si se mantiene sólida, puede ser un recurso valioso en el futuro.

Al mismo tiempo, aprendí que el riesgo de la traición nunca desaparece por completo, y que esa es una realidad que hay que aceptar en lugar de tratar de eliminar. La teoría de juegos conductual sugiere que, en lugar de buscar una garantía absoluta, debemos desarrollar una **tolerancia al riesgo emocional**. Esta tolerancia no significa ser ingenuo, sino aceptar que cualquier acto de confianza conlleva un riesgo inherente. Comencé a ver que, en lugar de temer la posibilidad de una traición, podía aprender a interpretar los signos y señales de cada relación para tomar decisiones más informadas y equilibradas. En lugar de exigir certeza, me enfocaba en construir un ambiente donde la reciprocidad se fomentara de manera natural, lo que reducía las probabilidades de una ruptura en la confianza.

Otra herramienta que descubrí fue la **retroalimentación abierta** como medio para fortalecer la confianza. A través de conversaciones sinceras y transparentes, tanto en el ámbito profesional como en el personal, busqué expresar mis expectativas y preocupaciones antes de enfrentar una posible traición o conflicto. Esta práctica, aunque incómoda al principio, me permitió establecer un contexto de comunicación donde ambas partes se sentían más seguras para expresar sus intenciones y para aclarar cualquier malentendido. La economía conductual sugiere que la retroalimentación constante puede actuar como un mecanismo para sostener la confianza, ya que disminuye la ambigüedad y reduce la necesidad de actuar de forma defensiva.

El Juego de la Confianza me enseñó que la verdadera libertad en la toma de decisiones está en poder actuar sin el constante temor a ser traicionado. La teoría de juegos conductual demuestra que, aunque el riesgo de la traición nunca desaparece por completo, las relaciones en las que se cultiva una confianza genuina y una reciprocidad sólida son capaces de ofrecer beneficios mucho mayores que las que se construyen sobre la desconfianza y el temor. Aprendí que confiar no significa ignorar los riesgos, sino aceptar que el valor de una relación de confianza es mayor que el miedo a la pérdida.

En última instancia, el Juego de la Confianza y su interpretación conductual me mostraron que nuestras decisiones de confiar son una elección sobre el tipo de relaciones y experiencias que queremos cultivar en nuestras vidas. Decidí que prefería construir una red de colaboración y apoyo mutuo en lugar de actuar siempre en defensa propia. Con el tiempo, descubrí que esta decisión no solo me aportaba mayor paz emocional, sino también mejores oportunidades de crecimiento y de satisfacción personal. La teoría de juegos conductual, al incluir las emociones y el valor de la reciprocidad en sus análisis, me enseñó que la confianza, aunque frágil, es un recurso que enriquece nuestras vidas de maneras que la teoría de juegos clásica no alcanza a contemplar.

Capítulo 26: El Juego de Coordinación y la Complejidad de las Expectativas Mutuas

El **Juego de Coordinación** es otro de los modelos fundamentales en la teoría de juegos, en el que dos o más jugadores deben elegir estrategias compatibles para lograr un beneficio mutuo. A diferencia de los juegos de competencia, en el Juego de Coordinación los jugadores tienen un objetivo común y deben alinear sus decisiones para alcanzarlo. Sin embargo, en la vida real, la coordinación no es tan sencilla como parece en los modelos clásicos. Las expectativas y las suposiciones sobre las intenciones de los demás son variables críticas que la economía conductual toma en cuenta, mostrando que la cooperación no depende solo de la lógica, sino de una mezcla de confianza, expectativas y la habilidad de interpretar las señales de los otros.

A lo largo de mi vida profesional y personal, he experimentado los desafíos del Juego de Coordinación en situaciones donde la colaboración era esencial. Aunque en teoría todos los involucrados compartían un objetivo, la falta de claridad sobre las expectativas y las percepciones diferentes sobre el rol de cada uno a menudo generaban una especie de "ruido" que obstaculizaba el éxito de la colaboración. La teoría de juegos clásica nos dice que si todos los jugadores eligen la misma estrategia, el resultado será óptimo, pero la realidad es mucho más compleja. La economía conductual introduce conceptos como el **efecto de focalización** y los **puntos de referencia sociales**, que juegan un papel crucial en nuestras decisiones de coordinación y muestran que las emociones y las expectativas influyen en cómo percibimos el comportamiento de los demás.

Reflexionando sobre el Juego de Coordinación, me di cuenta de que uno de los mayores desafíos en la toma de decisiones compartidas es que cada persona trae sus propias suposiciones y experiencias a la mesa. He estado en equipos donde, a pesar de tener un objetivo en común, las expectativas de cada persona sobre cómo lograrlo variaban considerablemente. Por ejemplo, en proyectos de trabajo, solía asumir que todos entendían el rol de cada uno de la misma manera que yo, sin cuestionar si mis percepciones coincidían con las de los demás. Esta falta de alineación en las expectativas genera lo que la economía conductual describe como **disonancia de coordinación**: una situación en la que, aunque los jugadores desean colaborar, las diferencias en sus puntos de vista y objetivos individuales crean conflictos sutiles que afectan la efectividad del grupo.

La economía conductual me ayudó a comprender que la clave para superar estos obstáculos no está en asumir que todos tienen la misma interpretación del objetivo, sino en establecer un **canal de comunicación claro** donde cada participante pueda expresar sus expectativas y comprender las de los otros. Empecé a aplicar esta estrategia de manera proactiva en mis interacciones profesionales, pidiendo a cada miembro del equipo que compartiera sus prioridades y su visión del proyecto antes de empezar a trabajar en conjunto. Al hacer esto, descubrí que muchas de las dificultades que surgían durante la colaboración no eran problemas de capacidad o de compromiso, sino de una falta de entendimiento sobre las intenciones y los deseos de cada persona.

Otra lección clave que extraje del Juego de Coordinación es la importancia de los **puntos focales** o "puntos de referencia compartidos". En situaciones donde la coordinación es crítica, tener un marco común de referencia ayuda a reducir la incertidumbre y a orientar las acciones de todos hacia un mismo fin. En algunos proyectos, introduje una práctica simple pero eficaz: definir un conjunto de principios o de metas comunes al inicio de la colaboración. La economía conductual muestra que estos puntos focales funcionan como "anclas" en el proceso de toma de decisiones, guiando a los jugadores incluso en momentos de duda o de ambigüedad. Esta práctica me permitió crear una base estable de entendimiento que minimizaba las fricciones y facilitaba que el grupo alcanzara el objetivo sin necesidad de micromanagement o de largas discusiones sobre cada detalle.

Además, la teoría de juegos conductual me mostró que la confianza y la reciprocidad son elementos esenciales en el éxito de la coordinación. En el Juego de Coordinación, los jugadores necesitan tener la confianza de que los demás cumplirán con sus compromisos. Esto me llevó a introducir la **reciprocidad explícita** en mis relaciones de colaboración, una práctica en la que cada paso hacia la cooperación era reconocido y reforzado. Por ejemplo, en lugar de dar por sentada la contribución de cada miembro del equipo, empecé a expresar explícitamente mi reconocimiento hacia el esfuerzo de los demás y a mostrar cómo sus acciones ayudaban a avanzar en la dirección correcta. La economía conductual sostiene que estos gestos de reciprocidad explícita fortalecen el compromiso y crean un ambiente donde cada participante se siente motivado a actuar en beneficio del grupo.

Un aspecto adicional que la teoría de juegos conductual enfatiza es la **visión a largo plazo en la coordinación**. En muchos casos, los conflictos en las decisiones compartidas surgen porque los jugadores solo consideran los beneficios inmediatos, sin evaluar el impacto de sus acciones a largo plazo en la relación de cooperación. Reflexionando sobre esto, comencé a adoptar una mentalidad de **planificación a largo plazo** en mis interacciones, recordándome que cada acto de cooperación, cada compromiso cumplido y cada expectativa respetada contribuyen a crear una base de confianza que facilita futuras colaboraciones. Este enfoque me ayudó a ver que la coordinación efectiva no se limita a lograr un resultado puntual, sino que es un proceso que construye relaciones de confianza que pueden sostenerse y fortalecerse con el tiempo.

Finalmente, comprendí que la economía conductual, al incluir estos elementos emocionales y relacionales, ofrece una comprensión mucho más completa del Juego de Coordinación que la teoría clásica. La teoría de juegos conductual no solo analiza las estrategias racionales, sino que también considera cómo la empatía, la reciprocidad y la visión compartida influyen en nuestras decisiones de colaboración. Al incorporar estos factores en mi vida, descubrí que la coordinación no es solo una cuestión de maximización de beneficios, sino un proceso que depende de nuestra disposición a comprender y adaptarnos a las expectativas de los demás, construyendo una base sólida de confianza que permita trabajar juntos de manera fluida y efectiva.

Capítulo 27: El Juego del Polizón y los Desafíos de la Colaboración sin Compromiso Total

El **Juego del Polizón**, también conocido como el "problema del polizón" o "free rider problem", es un escenario clásico en la teoría de juegos que ilustra cómo los individuos pueden beneficiarse de un recurso común sin contribuir equitativamente a su mantenimiento o desarrollo. Este modelo expone uno de los dilemas más desafiantes en la colaboración: cómo motivar a los participantes a aportar de manera justa cuando es posible beneficiarse sin asumir el mismo nivel de responsabilidad. La teoría de juegos clásica nos diría que, en un sistema racional, cada individuo debería contribuir, pues todos se benefician del éxito del grupo. Sin embargo, la economía conductual revela que el temor a ser el único en esforzarse, mientras otros toman ventaja, crea una aversión que nos aleja de la cooperación total.

Reflexionar sobre el Juego del Polizón me llevó a cuestionar varias de mis experiencias en entornos de colaboración, tanto en proyectos laborales como en iniciativas de grupo, donde he percibido esta dinámica de esfuerzo desigual. Hay situaciones en las que, aunque todos parecemos comprometidos con un objetivo común, algunos parecen aportar solo lo necesario para mantenerse en el proyecto sin asumir la carga completa. En mi vida profesional, estas experiencias me generaban frustración, pues sentía que el esfuerzo que dedicaba no siempre era correspondido. Al aprender sobre el concepto de "polizón", comencé a ver que esta frustración no era un reflejo de falta de compromiso por parte de otros, sino una manifestación de este juego, donde cada individuo valora los beneficios sin el costo proporcional de obtenerlos.

La economía conductual sugiere que la **aversión al esfuerzo desigual** se origina de una mezcla de justicia percibida y de una tendencia a no querer sentirnos explotados. Esta reacción es tan común que los seres humanos tendemos a sentir resentimiento si percibimos que otros no contribuyen en la misma medida. La teoría de juegos conductual plantea que, en lugar de simplemente exigir la cooperación total, es esencial crear un entorno donde la colaboración se perciba como un beneficio equitativo para todos. Aprendí que, cuando se trata de colaboración, las expectativas claras y la transparencia en la división de tareas no son solo buenas prácticas, sino factores clave para evitar que el juego del polizón perjudique el rendimiento del equipo.

Empecé a implementar una estrategia de **división visible de contribuciones** en mis propios proyectos colaborativos, donde cada participante se compromete a una serie de tareas específicas, y esas tareas y sus resultados son visibles para todos. Al hacer esto, se genera una presión positiva que anima a todos a participar activamente, ya que cada uno es consciente de que su contribución será observada y valorada. La economía conductual respalda esta idea al señalar que la **transparencia en la contribución** reduce la tentación de actuar como polizón, ya que todos pueden ver quién está cumpliendo con su parte y quién no. Con esta estrategia, noté que los equipos en los que trabajaba empezaban a mostrar una mayor disposición a aportar, y la carga de trabajo se distribuía de manera más equitativa.

Otra técnica importante para abordar el Juego del Polizón es la creación de **incentivos intrínsecos y extrínsecos** que motiven a cada participante a aportar más allá de lo mínimo necesario. La teoría de juegos clásica se basa en que cada jugador maximiza su beneficio, pero la economía conductual resalta que el sentido de propósito y la satisfacción personal también juegan un papel importante en la disposición a contribuir. Comencé a reforzar estos incentivos no solo en forma de recompensas materiales, sino también de reconocimiento público y de creación de espacios para que cada participante pudiera ver cómo su esfuerzo beneficiaba al grupo. Este enfoque generaba una dinámica donde cada persona no solo contribuía por los beneficios del recurso común, sino también por el valor emocional y social que derivaba de ser parte de un esfuerzo compartido.

Además, la economía conductual muestra que el **sentido de pertenencia** es un factor poderoso para reducir el comportamiento de polizón. Cuando los individuos sienten que pertenecen a un grupo, se reduce la probabilidad de que tomen ventaja sin aportar, ya que su identidad y su compromiso con el grupo refuerzan la disposición a contribuir. Empecé a trabajar en crear un ambiente donde cada participante sintiera que su contribución era importante para el éxito colectivo y que formar parte del equipo era en sí un honor y un privilegio. Esta estrategia fue efectiva, pues muchos comenzaron a ver sus esfuerzos como una forma de reforzar su identidad y su relación con el grupo, lo cual aumentó significativamente su compromiso.

Finalmente, el Juego del Polizón y su análisis desde la economía conductual me enseñaron que la cooperación equitativa no es algo que pueda darse por hecho, sino un proceso que requiere una estructura de transparencia, incentivos y un sentido de pertenencia. La teoría de juegos conductual me ofreció una perspectiva más rica al mostrar que la verdadera colaboración se logra no solo con reglas, sino con un enfoque que valora y motiva las contribuciones individuales. Al incorporar estos aprendizajes en mi vida, descubrí que es posible superar la tentación de "viajar gratis" y, en su lugar, crear una dinámica donde cada persona vea el valor de contribuir en beneficio de todos.

Capítulo 28: El Juego de Señales y la Importancia de la Percepción en las Relaciones de Confianza

El **Juego de Señales** es un concepto clásico en la teoría de juegos que explora cómo los jugadores comunican información y se interpretan mutuamente a través de señales, especialmente en situaciones donde existe asimetría de información. En este juego, una de las partes posee información privilegiada y debe decidir cómo comunicar o "señalar" su intención a la otra parte para influir en su comportamiento. La teoría clásica supone que las señales deben ser claras y creíbles para que el juego sea efectivo. Sin embargo, la teoría de juegos conductual amplía esta idea al sugerir que las señales también están profundamente influidas por percepciones y sesgos, lo que hace que su interpretación sea, a menudo, más subjetiva y compleja.

Al reflexionar sobre el Juego de Señales, me di cuenta de cómo nuestras decisiones están condicionadas no solo por lo que los demás dicen, sino por cómo interpretamos sus intenciones y el contexto en el que actúan. En mi vida, he experimentado múltiples situaciones donde intentaba interpretar las señales de los demás, desde negociaciones comerciales hasta interacciones personales, y me percaté de cuán fácil es malinterpretar o exagerar el significado de una señal cuando la percepción se ve afectada por prejuicios o inseguridades. La economía conductual nos advierte que las señales no son siempre objetivas; están teñidas por nuestras expectativas y sesgos, lo que afecta nuestra reacción y, en última instancia, la relación con el otro jugador.

Un ejemplo claro en mi experiencia profesional fue una situación de negociación donde la otra parte enviaba señales de interés y compromiso a través de su lenguaje y gestos. Desde una perspectiva racional, la interpretación lógica era que estaban comprometidos con el acuerdo; sin embargo, la teoría de juegos conductual sugiere que nuestras interpretaciones pueden ser influenciadas por lo que queremos creer o tememos. En este caso, mis propias expectativas y mi deseo de cerrar el trato distorsionaron mi percepción, llevándome a pasar por alto señales más sutiles de indecisión o resistencia. Al final, la negociación fracasó, y entendí que había caído en el **sesgo de confirmación**, al interpretar solo las señales que apoyaban lo que deseaba y descartando aquellas que indicaban lo contrario.

La economía conductual enseña que en el Juego de Señales, el contexto emocional y relacional es fundamental. Las personas no solo transmiten información objetiva; también proyectan sus expectativas, dudas y emociones a través de señales que pueden ser ambiguas. Esto me llevó a desarrollar una **estrategia de interpretación consciente**, donde en lugar de confiar únicamente en las señales aparentes, me tomaba un tiempo para considerar si mis propios deseos o temores estaban influyendo en la interpretación. Esta práctica no solo mejoró mi habilidad para leer a los demás de manera más precisa, sino que también me ayudó a comunicarme con mayor claridad, asegurándome de que mis propias señales fueran coherentes y no ambiguas.

Otra lección importante del Juego de Señales es que la **credibilidad de la señal** es tan importante como el mensaje en sí. En situaciones donde la confianza es frágil o aún no se ha consolidado, las señales ambiguas pueden generar desconfianza. Para aumentar la credibilidad de mis señales en relaciones laborales y personales, comencé a adoptar un enfoque de **transparencia gradual**. Esto significa revelar intenciones y expectativas de manera progresiva y coherente, permitiendo que la otra parte confirme a lo largo del tiempo que mis señales son auténticas. La economía conductual muestra que, cuando las señales son consistentes, la confianza se fortalece, y ambas partes se sienten más seguras al interpretar las intenciones del otro.

Además, el Juego de Señales me ayudó a entender la importancia de la **reciprocidad en la señalización**. Cuando una de las partes envía una señal, la respuesta o la falta de respuesta de la otra parte también actúa como una señal en sí misma. Empecé a ver que, al recibir una señal, mi propia respuesta era una forma de comunicación que indicaba mis intenciones y mi disposición a colaborar. En las relaciones profesionales, este concepto me enseñó que ignorar una señal o responder de manera ambigua podía ser percibido como desinterés o falta de compromiso. En cambio, al responder de manera clara y honesta, estaba fortaleciendo el canal de comunicación y creando una base de confianza mutua que facilitaba las futuras interacciones.

La teoría de juegos conductual también me hizo consciente de que la percepción de las señales es, en gran parte, influida por el **contexto social y emocional**. Esto significa que, en situaciones de alta presión o de expectativas intensas, tendemos a interpretar las señales de manera más extrema, como una confirmación absoluta o una negación total. Para contrarrestar esta tendencia, comencé a adoptar una **mentalidad de evaluación en perspectiva**. En lugar de interpretar las señales de manera aislada, consideraba la relación completa y los patrones de interacción previos. Esta práctica me ayudó a ver las señales no como mensajes absolutos, sino como parte de una narrativa continua que incluía la historia de la relación, las expectativas y los objetivos compartidos.

El Juego de Señales, al ser analizado desde la teoría de juegos conductual, me mostró que nuestras decisiones no dependen solo de lo que vemos, sino de cómo interpretamos y respondemos a esas percepciones. Aprendí que el verdadero valor de una señal está en su coherencia y en la claridad con la que se comunica, y que el proceso de interpretación es tanto una cuestión de lógica como de conexión emocional. La teoría de juegos conductual me enseñó a ver la señalización como un acto de responsabilidad compartida, donde ambos jugadores tienen la oportunidad de construir confianza y reciprocidad a través de señales que son claras, creíbles y, sobre todo, coherentes con sus intenciones reales.

Capítulo 29: El Juego de la Gallina y la Tentación de la Rivalidad en Decisiones Competitivas

El **Juego de la Gallina**, o "Chicken Game", es un modelo clásico en la teoría de juegos que captura la dinámica de decisiones competitivas en situaciones de alto riesgo. En este juego, dos jugadores avanzan en una trayectoria hacia el choque, y cada uno debe decidir si se retira para evitar el conflicto o continúa avanzando. Si ninguno cede, ambos sufren las peores consecuencias; pero si uno se retira mientras el otro persiste, el jugador que se retira es visto como el "perdedor" y el otro es percibido como el "ganador". La teoría de juegos clásica sugiere que el jugador que demuestra más firmeza puede obligar al otro a retirarse, pero la teoría de juegos conductual expone una dimensión más profunda: la influencia de los impulsos emocionales y los deseos de validar nuestra identidad y orgullo.

Reflexionando sobre el Juego de la Gallina, me di cuenta de cuán a menudo nuestras decisiones son guiadas por la rivalidad y la necesidad de "no ceder", incluso cuando esto no es lo más racional.

En mi propia vida, he enfrentado situaciones donde, impulsado por el temor de parecer débil o de ser percibido como el que "se rinde", seguí adelante en decisiones competitivas sin evaluar si realmente valía la pena asumir el riesgo. Desde un punto de vista clásico, mantener una postura de firmeza puede parecer ventajoso, pero la teoría de juegos conductual revela que esta firmeza no siempre es racional. A menudo, está motivada por el deseo de proteger nuestra reputación o de no ser visto como alguien que retrocede, aunque esta decisión pueda llevarnos a consecuencias negativas.

Una de las lecciones más importantes que extraje de este juego es cómo las emociones pueden desviar nuestras decisiones, especialmente cuando el ego se involucra. En situaciones competitivas, he sentido que mi impulso de "ganar" o de no ceder frente a otro jugador se intensificaba, incluso cuando el costo era demasiado alto. La teoría de juegos conductual señala que este fenómeno, conocido como **escalada de compromiso**, nos hace invertir cada vez más en una decisión en función de lo que hemos invertido antes, a pesar de que la salida podría ser la mejor opción. En el Juego de la Gallina, esta escalada de compromiso nos empuja a persistir, aunque la opción más sensata sería retirarse.

Para gestionar este impulso, comencé a implementar una **estrategia de autocontrol deliberado**, que implica reconocer y detenerme cuando siento que una decisión competitiva está siendo impulsada más por el orgullo que por la razón. Esta práctica me permite analizar si realmente tengo algo que ganar al seguir adelante o si, en cambio, sería más beneficioso para mí asumir una posición de retirada. La teoría de juegos conductual respalda este enfoque al mostrar que retirarse de manera estratégica no es un signo de debilidad, sino una señal de inteligencia emocional, especialmente en contextos donde el costo de la confrontación supera los beneficios de ganar.

Además, comprendí que, en muchas situaciones, la disposición a ceder puede ser una ventaja competitiva en sí misma. La economía conductual sugiere que, cuando una de las partes toma la iniciativa de ceder, puede desarmar la agresividad del oponente y generar un ambiente de negociación más equilibrado. Comencé a aplicar esto en decisiones laborales, donde en lugar de actuar de manera intransigente, expresaba mi disposición a llegar a un acuerdo que beneficiara a ambas partes. Este enfoque no solo redujo la tensión, sino que también transformó muchas interacciones competitivas en oportunidades de colaboración. La teoría de juegos conductual muestra que esta disposición a ceder no es un acto de sumisión, sino una estrategia que, a largo plazo, fortalece las relaciones y reduce el conflicto.

Otro aspecto que aprendí del Juego de la Gallina es la importancia de la **comunicación y la transparencia de intenciones**. En situaciones de alto riesgo, la incertidumbre y la falta de claridad pueden intensificar el conflicto, ya que cada jugador no sabe si el otro está dispuesto a ceder o no. La economía conductual subraya que, cuando ambos jugadores comunican de manera abierta sus intenciones y limitaciones, es más fácil evitar el "choque". Empecé a aplicar este principio en mis propias relaciones de trabajo, siendo claro sobre mis límites y mis expectativas desde el inicio. Esto reducía la incertidumbre y, en muchos casos, permitía que la otra parte también estableciera sus propios límites, lo que facilitaba el proceso de negociación y disminuía el riesgo de un conflicto mayor.

Finalmente, el Juego de la Gallina me enseñó la importancia de **evaluar el verdadero costo de la rivalidad**. La teoría de juegos conductual nos recuerda que no todas las batallas merecen ser ganadas y que, a menudo, el costo de la confrontación supera el valor de la victoria. Reflexionando sobre esto, comencé a adoptar una mentalidad de "coste-beneficio emocional" en situaciones competitivas, evaluando no solo los recursos que gastaría en el conflicto, sino también el impacto emocional y psicológico que tendría en mí. Esta práctica me permitió reconocer que ganar en todos los aspectos no siempre es necesario y que, en muchos casos, la verdadera victoria está en preservar la paz y la estabilidad emocional.

En última instancia, el Juego de la Gallina y su análisis desde la perspectiva de la economía conductual me enseñaron que la firmeza en una decisión no siempre es un signo de fuerza, sino a menudo una trampa emocional que nos lleva a una rivalidad innecesaria. La teoría de juegos conductual me mostró que la disposición a ceder, la claridad de intenciones y la conciencia de los verdaderos costos pueden ser estrategias mucho más efectivas y maduras que el simple acto de "ganar" a cualquier precio. En lugar de ver cada conflicto como una oportunidad para demostrar mi poder, comencé a verlos como una oportunidad para practicar el autocontrol, la empatía y la visión estratégica, reconociendo que la verdadera sabiduría está en elegir qué batallas son realmente importantes y en aprender cuándo ceder es, en realidad, la mejor jugada.

Capítulo 30: El Juego de la Negociación y la Trampa de la Rigidez en las Expectativas

La **negociación** es un juego en sí mismo, un intercambio donde las partes buscan alcanzar un equilibrio entre sus propios deseos y las concesiones que están dispuestas a hacer. En la teoría de juegos clásica, la negociación se aborda como una dinámica en la que cada jugador evalúa los costos y beneficios de cada concesión hasta llegar a un punto en el que ambas partes están satisfechas. Sin embargo, la teoría de juegos conductual nos revela una realidad más compleja: nuestras expectativas, emociones y la inflexibilidad con que nos aferramos a ciertos resultados pueden llevarnos a actuar en contra de nuestros propios intereses, dejando pasar oportunidades de acuerdos beneficiosos por el simple hecho de no querer ceder.

Al reflexionar sobre mis propias experiencias en negociaciones, pude ver cómo en diversas ocasiones me había dejado llevar por una **rigidez emocional**, un tipo de obstinación que iba más allá de la lógica o de los números. En varias situaciones, esa rigidez surgía de un deseo de proteger mi dignidad, de no mostrarme "débil" o de no "perder" frente al otro jugador. Aunque en teoría el objetivo debería haber sido lograr el mejor acuerdo posible, en la práctica, me daba cuenta de que estaba sacrificando posibles beneficios solo para preservar una sensación de control o de superioridad. La economía conductual explica este fenómeno en términos del **sesgo de control**: tenemos una tendencia natural a preferir resultados que sentimos que controlamos, aun cuando una alternativa fuera de nuestro control podría ser más beneficiosa.

Esta reflexión me llevó a cuestionar el origen de esa necesidad de control en las negociaciones. Empecé a entender que la percepción de perder el control, aunque solo fuera por ceder en una pequeña parte, tocaba una fibra emocional que iba más allá de la racionalidad. La teoría de juegos conductual sugiere que nuestras decisiones de negociación están influenciadas por factores como el ego y la identidad, aspectos que pueden nublar nuestro juicio y desviarnos de lo que realmente importa en un acuerdo. Para mí, esta revelación fue como quitarme una venda de los ojos: comprendí que la rigidez que a menudo experimentaba no era un reflejo de mis objetivos reales, sino una defensa emocional contra la percepción de estar en una posición de desventaja.

Una de las prácticas que desarrollé para superar esta rigidez emocional fue lo que llamo **perspectiva de retroceso**. Antes de entrar en una negociación, me imaginaba cómo vería esa misma decisión desde una distancia temporal, meses o años después. Esta visión a futuro me ayudaba a ver la negociación en un contexto más amplio, recordándome que la mayoría de las concesiones no afectaban mi identidad o mi dignidad, sino que eran simplemente pasos hacia un acuerdo beneficioso. Esta práctica me permitió suavizar la rigidez de mis expectativas, recordándome que la negociación no es una batalla, sino un proceso en el que cada parte hace ajustes para llegar a un punto común.

Otra técnica importante que descubrí fue la **flexibilidad de objetivos**. En lugar de definir un único resultado deseado, comencé a entrar en las negociaciones con un rango de posibles acuerdos que consideraría satisfactorios. La economía conductual destaca que, al reducir la presión sobre un único punto de negociación, se facilita la disposición a ceder en ciertos aspectos, permitiendo que ambas partes experimenten una mayor satisfacción en el proceso. Esta flexibilidad de objetivos me permitió mantenerme abierto a nuevas posibilidades y reconocer oportunidades que antes podría haber pasado por alto. En lugar de ver la negociación como una prueba de fuerza, empecé a verla como un espacio creativo donde podía explorar diferentes caminos hacia un objetivo satisfactorio.

El Juego de la Negociación también me enseñó la importancia de la **empatía estratégica**. La teoría de juegos conductual nos muestra que, al entender las expectativas y necesidades de la otra parte, podemos encontrar soluciones que no solo sean beneficiosas, sino también satisfactorias a nivel emocional para ambos jugadores. Empecé a practicar la empatía estratégica al tomarme el tiempo para preguntar y entender qué era realmente importante para la otra parte, y qué concesiones o logros les generaban mayor satisfacción. La empatía no era solo una herramienta de persuasión; era una forma de crear un espacio de respeto mutuo que hacía la negociación menos tensa y más constructiva. Al reconocer las prioridades de la otra persona, podía ajustar mis propias demandas sin sentir que estaba cediendo, sino construyendo una base de confianza y comprensión.

Finalmente, el Juego de la Negociación me llevó a explorar el concepto de **suficiencia** en lugar de maximización. La teoría de juegos clásica tiende a plantear la negociación como un proceso donde cada jugador busca maximizar su ganancia, pero la economía conductual me mostró que no siempre necesitamos el máximo para sentirnos satisfechos. A menudo, la suficiencia —lograr un acuerdo satisfactorio, aunque no sea el mejor posible— genera una paz emocional y una estabilidad en la relación que tiene un valor intrínseco. Comencé a preguntarme no solo si una oferta era la mejor posible, sino si era lo suficientemente buena como para generar bienestar a largo plazo. Esta perspectiva me ayudó a reducir la ansiedad que a veces acompaña las negociaciones y a encontrar un equilibrio entre la ganancia y la satisfacción.

La teoría de juegos conductual, al añadir estos elementos emocionales y relacionales al proceso de negociación, me enseñó que el verdadero arte de negociar no está en conseguir el máximo, sino en construir acuerdos que tengan sentido para ambas partes, que respeten las expectativas y que permitan salir del proceso con una sensación de equilibrio y dignidad. Al aplicar estas lecciones en mi vida, descubrí que la negociación no tiene que ser un campo de batalla, sino un espacio donde la comprensión, la flexibilidad y el respeto generan una satisfacción profunda que trasciende cualquier ganancia material.

Capítulo 31: El Juego de los Recursos Comunes y la Tentación de la Explotación a Corto Plazo

El **Juego de los Recursos Comunes**, también conocido como el "dilema de los bienes comunes" o "tragedia de los comunes," es un modelo en el que múltiples jugadores comparten un recurso limitado y deben decidir cuánto utilizar, teniendo en cuenta que el exceso de consumo puede llevar a la destrucción del recurso para todos. En la teoría de juegos clásica, cada jugador busca maximizar su beneficio individual, lo que lleva a una sobreexplotación del recurso. Sin embargo, la teoría de juegos conductual introduce una perspectiva más compleja, al considerar cómo factores emocionales y sociales, como la empatía, el respeto y el sentido de responsabilidad, pueden influir en la decisión de cuidar o sobreexplotar un recurso común.

Este modelo me llevó a una profunda reflexión sobre la naturaleza de mis propias decisiones en contextos donde los recursos son compartidos, ya sea en un equipo de trabajo, en una comunidad o en el entorno familiar. Reconocí que, en situaciones de abundancia aparente, había momentos en los que caía en la tentación de aprovechar al máximo sin pensar en el impacto a largo plazo. Sin embargo, en otras situaciones, sentía una responsabilidad profunda de actuar en beneficio del grupo, incluso si eso significaba renunciar a ciertos beneficios personales. La teoría de juegos conductual me ayudó a entender que nuestras decisiones sobre los recursos compartidos no se basan solo en cálculos de ganancia individual, sino en una mezcla de motivaciones que incluyen el sentido de justicia y la necesidad de contribuir al bienestar común.

Una de las lecciones más importantes que extraje del Juego de los Recursos Comunes fue la **diferencia entre satisfacción a corto plazo y sostenibilidad a largo plazo**. Al analizar momentos en los que había optado por maximizar mi beneficio inmediato, pude ver que esas decisiones, aunque beneficiosas en el momento, a menudo generaban una pérdida de valor a largo plazo. La economía conductual describe este fenómeno como **miopía temporal**: la tendencia a sobrevalorar las recompensas inmediatas y subestimar el impacto futuro de nuestras acciones. Esta perspectiva me hizo replantear mis decisiones, buscando formas de equilibrar mis intereses personales con el bienestar del grupo.

Para contrarrestar esta tendencia a la explotación de los recursos comunes, comencé a implementar una estrategia de **evaluación a largo plazo**, donde, antes de tomar una decisión, me preguntaba cómo afectaría al recurso y a las demás personas involucradas en el tiempo. Este enfoque me permitió observar que, al reducir mi consumo y pensar en el grupo, no solo estaba contribuyendo al beneficio colectivo, sino también asegurándome de que el recurso permaneciera disponible en el futuro. En el ámbito profesional, este cambio de perspectiva me llevó a actuar con más moderación y a fomentar prácticas de sostenibilidad en proyectos donde la tentación de explotar al máximo los recursos era fuerte.

Otra lección clave del Juego de los Recursos Comunes es el valor de la **responsabilidad compartida**. Cuando todos los participantes se sienten responsables de preservar el recurso, es más probable que actúen de manera colaborativa para protegerlo. La teoría de juegos conductual muestra que la percepción de ser parte de una comunidad que depende de ese recurso crea una **presión social positiva** que promueve la sostenibilidad. Empecé a aplicar este principio en los proyectos de equipo, promoviendo conversaciones sobre cómo cada uno podía aportar a la preservación de los recursos compartidos. Este enfoque generó una dinámica en la que todos se sentían comprometidos y donde las decisiones individuales se alineaban con el bienestar común.

La teoría de juegos conductual también me enseñó que la **transparencia en el uso de los recursos** es una herramienta poderosa para reducir la explotación excesiva. Al hacer visible el uso de los recursos compartidos, cada jugador se siente más consciente de sus propias decisiones y de las de los demás, lo que disminuye la tentación de aprovecharse sin consideración. Implementé esta práctica en proyectos de trabajo compartidos, donde cada persona podía ver cómo se utilizaban los recursos y qué impacto tenía su contribución. Esta visibilidad no solo redujo la explotación, sino que también fortaleció el sentido de cooperación y la responsabilidad individual.

El Juego de los Recursos Comunes me llevó a ver que, al final, la tentación de aprovecharse de un recurso compartido sin tener en cuenta a los demás es una forma de actuar que termina por destruir las posibilidades de cooperación futura. La teoría de juegos conductual, al incluir factores emocionales y sociales en el análisis, me enseñó que, si bien maximizar el beneficio personal puede parecer una buena estrategia a corto plazo, el verdadero valor está en la **sostenibilidad y en el impacto positivo a largo plazo**. Esta reflexión me ayudó a tomar decisiones más conscientes y a comprometerme a proteger y valorar los recursos que comparto con los demás, reconociendo que el verdadero beneficio no está en la ganancia inmediata, sino en el legado y la preservación del recurso para todos.

Capítulo 32: El Juego del Bien Público y la Motivación para Contribuir Más Allá del Interés Personal

El **Juego del Bien Público** es un escenario de la teoría de juegos en el que los jugadores deciden cuánto contribuir a un fondo común destinado a un bien colectivo. Si todos contribuyen, el beneficio es significativo para cada uno; sin embargo, la teoría clásica sugiere que existe la tentación de actuar como "polizones" y beneficiarse del bien público sin contribuir. La teoría de juegos conductual, sin embargo, explora cómo las decisiones en este contexto no solo se basan en cálculos de maximización de beneficios, sino que también dependen de aspectos como el sentido de comunidad, la presión social y el deseo de ser parte de algo que beneficia a todos.

Este modelo me llevó a reflexionar sobre mis propias motivaciones para contribuir a bienes colectivos, tanto en el ámbito profesional como en el personal. En diversas ocasiones, cuando se presentaba la oportunidad de apoyar una causa común, surgía en mí la disyuntiva entre cuidar mis propios intereses y contribuir al bien colectivo. La teoría de juegos clásica sugeriría que es racional reducir la contribución propia, esperando que otros compensen el esfuerzo; sin embargo, la economía conductual revela que este tipo de decisiones están influenciadas por una compleja mezcla de moralidad, pertenencia y deseo de contribuir a algo más grande que uno mismo.

Una de las primeras lecciones que extraje de este juego fue entender cómo la **identificación con la comunidad** en la que participamos afecta nuestra disposición a contribuir. Cuando siento un fuerte sentido de pertenencia hacia un grupo o proyecto, mis decisiones se vuelven menos calculadoras y más orientadas al beneficio de todos. La teoría de juegos conductual explica que la **identidad colectiva** desempeña un papel crucial en la disposición a colaborar, ya que nos lleva a percibir el éxito del grupo como un reflejo de nuestro propio éxito. Reflexionando sobre esto, comprendí que mis contribuciones al bien público no solo reflejaban mi generosidad, sino también mi deseo de fortalecer la comunidad a la que pertenecía.

Para aprovechar este sentido de identidad colectiva en las decisiones de colaboración, comencé a implementar una práctica de **conexión con el propósito común**. Antes de participar en un proyecto compartido o en una causa comunitaria, me tomaba un momento para recordar por qué ese esfuerzo era significativo no solo para mí, sino también para los demás. Esta práctica me permitía fortalecer mi compromiso con el bien público y entender que, al contribuir, estaba apoyando algo que enriquecía la experiencia de todos. La teoría de juegos conductual respalda esta idea, mostrando que, al alinear nuestras decisiones con un propósito común, es más probable que experimentemos una satisfacción profunda y duradera.

Además, la economía conductual sugiere que la **presión social positiva** puede actuar como un motivador para contribuir a los bienes públicos. Al ver que otros se comprometían con una causa, sentía una especie de responsabilidad compartida que me impulsaba a participar activamente. Empecé a implementar esta dinámica en proyectos de equipo, donde, al compartir nuestras contribuciones y objetivos de forma transparente, cada miembro se sentía más motivado a participar y menos tentado a aprovecharse del esfuerzo de los demás. Esta transparencia generaba un efecto en cadena, en el que cada contribución de los demás reforzaba mi propio deseo de contribuir, creando una espiral positiva que beneficiaba al grupo.

Otro aspecto importante que me enseñó el Juego del Bien Público es el valor de la **autorrealización en el altruismo**. La teoría de juegos conductual indica que, en lugar de ver la contribución como una pérdida personal, es posible experimentarla como una fuente de satisfacción y de sentido. Reflexionando sobre esta idea, me di cuenta de que algunas de mis contribuciones más gratificantes fueron aquellas en las que no esperaba una recompensa inmediata, sino que experimentaba un sentido de propósito y de realización al saber que estaba contribuyendo al bienestar colectivo. Empecé a valorar esas contribuciones no solo como acciones de generosidad, sino como una inversión en mi propio crecimiento y en la construcción de una comunidad de la que me sentía orgulloso.

Finalmente, el Juego del Bien Público y su análisis desde la economía conductual me mostraron que el verdadero éxito de un grupo o comunidad no reside únicamente en la suma de los beneficios individuales, sino en la capacidad de cada miembro para ver y actuar en favor del colectivo. La teoría de juegos conductual revela que, cuando cultivamos un sentido de pertenencia, de responsabilidad mutua y de propósito compartido, las decisiones que tomamos en favor del bien público se convierten en una fuente de satisfacción personal que trasciende el interés individual. Esta perspectiva me permitió tomar decisiones más generosas y comprometidas, reconociendo que, al invertir en el bien común, estaba también invirtiendo en un futuro más sólido y en una comunidad en la que deseaba seguir participando y creciendo.

Capítulo 33: El Juego del Compromiso y la Búsqueda de Equilibrio entre Autonomía y Cooperación

El **Juego del Compromiso** es un escenario de la teoría de juegos que ilustra cómo las decisiones de cooperación y la disposición a comprometerse afectan nuestras relaciones y el éxito a largo plazo. En este juego, cada jugador puede elegir entre actuar de forma independiente o comprometerse con el otro jugador para lograr un objetivo común. La teoría de juegos clásica plantea que, al comprometerse, ambos jugadores pueden maximizar su beneficio mutuo, aunque se sacrifiquen ciertas libertades individuales. Sin embargo, la teoría de juegos conductual revela que la disposición a comprometerse no depende únicamente de cálculos racionales, sino que está profundamente influenciada por el deseo de autonomía y por la percepción de reciprocidad en la relación.

Reflexionar sobre el Juego del Compromiso me llevó a explorar mis propias luchas entre la autonomía y la cooperación. En mi experiencia, este dilema surge de la tensión entre mantener el control sobre mis decisiones y el deseo de construir relaciones fuertes y colaborativas. He notado que, en situaciones en las que podría haberme beneficiado de una alianza, mi resistencia a comprometer ciertas decisiones o formas de actuar me ha llevado a rechazar oportunidades de cooperación. La economía conductual sugiere que esta tendencia está enraizada en nuestro deseo de preservar la autonomía, un valor fundamental que, si no se equilibra, puede obstaculizar nuestras relaciones y proyectos conjuntos.

Una de las primeras lecciones que extraje del Juego del Compromiso fue comprender que la **colaboración no es una pérdida de libertad, sino una elección consciente de invertir en una relación**. La teoría de juegos conductual nos enseña que comprometerse no significa renunciar a nuestra independencia, sino crear un vínculo de reciprocidad que puede llevar a beneficios más duraderos. Comencé a ver que, al resistirme al compromiso en nombre de la autonomía, estaba perdiendo la oportunidad de desarrollar relaciones en las que ambas partes pudieran crecer y beneficiarse mutuamente. Esta comprensión me ayudó a ver el compromiso no como una concesión, sino como una inversión en la estabilidad y en el potencial a largo plazo de las relaciones.

Para aplicar esta lección en mi vida, comencé a desarrollar una **estrategia de compromiso gradual**. En lugar de lanzarme completamente a una cooperación sin reservas o de rechazar el compromiso por completo, empecé a explorar pequeñas concesiones que pudieran construir confianza y crear una base para compromisos más profundos. Este enfoque me permitió encontrar un equilibrio entre mi deseo de autonomía y la necesidad de cooperación, sin sentir que estaba perdiendo el control de mis decisiones. La teoría de juegos conductual respalda esta estrategia, mostrando que los compromisos construidos progresivamente tienden a ser más sólidos, ya que permiten que ambas partes evalúen y ajusten sus expectativas en el proceso.

Otra lección fundamental que extraje del Juego del Compromiso fue la importancia de la **reciprocidad activa**. La economía conductual subraya que el compromiso es más efectivo cuando ambas partes demuestran una disposición constante a adaptarse y a respetar el esfuerzo del otro. Empecé a aplicar esta reciprocidad activa en mis relaciones profesionales y personales, buscando formas de corresponder de manera explícita a las concesiones y esfuerzos que los demás hacían por el bien de la relación. Este acto de reciprocidad no solo fortalecía la cooperación, sino que también generaba un ambiente de confianza y respeto mutuo donde el compromiso se sentía menos como una obligación y más como una elección compartida.

Asimismo, el Juego del Compromiso me enseñó el valor de la **comunicación abierta y honesta** sobre nuestras expectativas y límites. La teoría de juegos conductual muestra que muchos conflictos en las relaciones surgen de una falta de claridad sobre lo que cada parte está dispuesta a comprometer. Empecé a implementar una práctica de transparencia en mis relaciones, expresando de manera honesta mis límites y mis expectativas desde el inicio. Esta comunicación no solo evitaba malentendidos, sino que también permitía a la otra persona tomar decisiones informadas sobre su propio compromiso, lo que creaba un equilibrio más saludable y realista en la relación.

Finalmente, el Juego del Compromiso me enseñó que la autonomía y la cooperación no son opuestos; ambos pueden coexistir cuando hay respeto y claridad en la relación. La teoría de juegos conductual nos muestra que el verdadero valor del compromiso no está en la cantidad de libertad que sacrificamos, sino en la calidad de la conexión que construimos con el otro. Al incorporar estas ideas en mi vida, descubrí que podía comprometerme de manera significativa sin renunciar a mi autonomía, y que, en lugar de limitarme, el compromiso me brindaba la oportunidad de crecer en conjunto y de alcanzar logros que, de otra manera, no habría podido lograr solo.

Capítulo 34: La Decisión de Ceder y el Reto de Elegir la Paz sobre el Orgullo

He pasado una gran parte de mi vida defendiendo posiciones que, en retrospectiva, no tenían tanta importancia. Por alguna razón, sentía que ceder me haría parecer débil o menos comprometido. Como si, al dar un paso atrás, estuviera entregando una parte esencial de mí mismo. Pero, ¿qué pasa cuando ceder deja de ser una debilidad y se convierte en una elección consciente, una decisión estratégica y, quizás, la verdadera clave de la paz?

Recuerdo una discusión en particular. Fue sobre algo pequeño, sin importancia aparente, y aun así me sentí atrapado, como si retroceder me pusiera en una posición vulnerable. Cada vez que esa otra persona se aferraba a su punto, sentía un impulso irracional por mantenerme firme, aunque me desgastara, aunque supiera que en algún momento perdería el sentido de la conversación. Es en esas situaciones cuando pienso en el concepto de **autoimagen** en la economía conductual. Muchas veces no peleamos por el contenido, sino por lo que significa para nuestra identidad, por lo que representa frente a otros o incluso frente a nosotros mismos. No queremos traicionar nuestra propia imagen de firmeza, de no retroceder, de alguien que no cede fácilmente.

En el ámbito de la teoría de juegos clásica, se esperaría que cada uno de los jugadores actuara en su beneficio, calculando las ganancias y pérdidas de cada movimiento. Pero en la vida, hay un valor emocional que no se mide en cifras. La economía conductual me ayudó a ver cómo nuestro orgullo y nuestro sentido de identidad están tan profundamente ligados a nuestras decisiones que, en algunos casos, se convierten en el verdadero motor de nuestras acciones. Este es el **efecto de refuerzo del ego**: esa pequeña chispa que nos empuja a mantenernos firmes porque sentimos que, de lo contrario, perdemos algo esencial de lo que somos.

Al reflexionar más profundamente, me di cuenta de que esta defensa de la identidad o del ego es una trampa silenciosa. Nos hace creer que estamos defendiendo una causa justa, cuando en realidad estamos atrapados en una batalla interna entre la razón y el ego. Esa trampa me llevó muchas veces a prolongar conflictos innecesarios, sin detenerme a pensar en el costo emocional, en el desgaste y en las consecuencias que podía tener para la relación o para mi propia tranquilidad. En el fondo, sabía que ceder no cambiaría nada sustancial, pero el orgullo nublaba mi visión.

Una de las preguntas que comencé a hacerme fue: "¿Cuál es el costo de esta decisión en términos de mi paz emocional?" Porque, aunque ganar el argumento o defender mi punto de vista me daba una satisfacción momentánea, también me daba cuenta de que ese tipo de victorias dejaban una sensación de vacío, como si hubiera ganado una batalla pero perdido algo más importante: mi tranquilidad. La teoría de juegos conductual introduce el concepto de **compensación emocional**, que me ayudó a ver que, al ceder en un conflicto, a menudo estamos eligiendo la paz interna sobre la necesidad de tener razón, y que esa paz es un beneficio a largo plazo.

A lo largo de este proceso, comencé a experimentar con una técnica que llamo **ceder con intención**. En lugar de pensar en la concesión como una derrota, la abordaba como una oportunidad para ganar algo más grande: una relación de respeto mutuo, un espacio de entendimiento, o simplemente un momento de calma en medio de la tormenta. Al ceder de manera consciente, estaba en control de mi decisión, no porque me sintiera obligado, sino porque elegía, desde un lugar de poder y no de debilidad. Esto me permitía evaluar mis motivos, pensar si el conflicto era realmente necesario, o si podía aportar algo valioso al dejarlo pasar.

Al integrar esta nueva mentalidad, comencé a notar un cambio en mis relaciones. La gente no me veía como alguien que siempre debía ganar, sino como alguien dispuesto a escuchar, a entender, a soltar el control cuando no era necesario. La teoría de juegos conductual me enseñó que la decisión de ceder puede construir un puente más fuerte entre las personas que cualquier argumento ganado. En lugar de ser visto como una capitulación, ceder se convirtió en una señal de respeto y en un acto que invitaba a la cooperación.

Pero no siempre fue fácil. Todavía había una parte de mí que luchaba con esa imagen de "el que siempre gana". A veces, incluso después de ceder, sentía una especie de eco que me cuestionaba si había hecho lo correcto. Sin embargo, al poco tiempo, empecé a sentir una nueva forma de seguridad, una paz que no encontraba en las discusiones. Descubrí que el verdadero poder no estaba en tener la última palabra, sino en saber cuándo no decirla. Ceder se transformó en una decisión activa de cuidar mi bienestar emocional, en lugar de dejar que el orgullo dictara cada paso.

La economía conductual habla de algo llamado **reducción de la disonancia cognitiva**. Cuando cedemos de manera consciente, resolvemos una contradicción interna entre lo que queremos y lo que es saludable para nosotros. Esta reducción de disonancia no solo nos libera de la tensión inmediata, sino que, con el tiempo, se convierte en un pilar para la autocomprensión. Empecé a notar cómo mis pensamientos se alineaban más con mi paz interior y menos con esa imagen rígida que me obligaba a demostrar algo constantemente.

Mirando hacia atrás, veo que ceder me enseñó más sobre mí mismo que cualquier victoria en una discusión. Entendí que la verdadera fortaleza no está en la rigidez de nuestras posiciones, sino en la flexibilidad para adaptarnos y soltar cuando es necesario. Es curioso cómo algo que solía ver como un signo de debilidad se convirtió en una de las mayores fuentes de fortaleza que he conocido. La teoría de juegos conductual me enseñó que, al final, la mejor jugada no siempre es la que nos da la victoria, sino la que nos da paz.

Capítulo 35: El Valor de las Decisiones Sin Ganancia Inmediata y la Paciencia Estratégica

Con el tiempo, me di cuenta de que muchas de las decisiones más importantes de mi vida no resultaron en una ganancia inmediata. No hubo una recompensa tangible, ni un triunfo claro al final del camino. Sin embargo, esas decisiones, aparentemente pequeñas o incluso sacrificadas en su momento, se convirtieron en los pilares que sostienen quién soy hoy. A menudo me pregunto: ¿por qué es tan difícil ver el valor de estas elecciones cuando estamos en medio de ellas? ¿Por qué nuestra mente insiste en buscar una recompensa inmediata, aunque la teoría de juegos conductual nos muestra que a veces los beneficios más profundos tardan en manifestarse?

La teoría de juegos clásica plantea que cada jugador busca maximizar sus beneficios de forma rápida y segura, pero la economía conductual introduce algo que se llama **paciencia estratégica**. Es la capacidad de sostener una decisión que quizás no dé frutos inmediatos, confiando en que, a largo plazo, resultará en algo mucho más valioso. En este sentido, la paciencia estratégica no es simplemente esperar; es una forma de resistencia, una capacidad de permanecer firme en lo que creemos sin necesidad de una confirmación o una recompensa constante.

Pienso en decisiones que tomé hace años, pequeñas concesiones o incluso sacrificios que, en su momento, me parecían insignificantes o incómodos. Elegir el camino menos transitado, renunciar a algo por lo que había trabajado o incluso aceptar un rol de apoyo en lugar de un rol de liderazgo, cuando era lo que mi orgullo anhelaba. No había aplausos, ni premios, ni siquiera la certeza de que algún día esas decisiones serían relevantes. Sin embargo, cuando ahora veo el panorama completo, entiendo que esas decisiones, aparentemente "sin ganancia", construyeron una fortaleza interna y una claridad que me sostienen en momentos difíciles.

La economía conductual describe este fenómeno como el **efecto acumulativo de las decisiones de baja recompensa**. Son esas elecciones que, por no tener un beneficio inmediato, suelen ser ignoradas o subvaloradas, pero que, en realidad, se acumulan en una especie de "capital emocional y estratégico". Este capital se convierte en una base de resiliencia, en un recurso que, sin darnos cuenta, nos permite enfrentar los momentos de incertidumbre con una confianza y estabilidad que no hubiéramos tenido de otro modo.

Al comprender esto, empecé a ver cada pequeña decisión sin recompensa como una inversión, no en algo externo, sino en mi propio carácter, en mi capacidad para sostenerme en las tormentas sin desesperar por una ganancia o una confirmación constante. La paciencia estratégica es, en el fondo, una decisión de confiar en el proceso, de creer que incluso lo que parece un sacrificio está construyendo algo mayor. Y aunque a veces cuesta mantener esa visión en el día a día, me he dado cuenta de que la verdadera fortaleza reside en seguir adelante sin necesidad de ver siempre el resultado inmediato.

A menudo, en la vida, actuamos como si cada decisión tuviera que ser una victoria evidente y rápida. Pero la economía conductual me ha enseñado que no todas las recompensas son visibles en el momento en que tomamos la decisión. Hay una satisfacción profunda, casi silenciosa, en sostenerse sin la presión de ganar, en aceptar que el valor de lo que hacemos puede tomar tiempo en manifestarse. Esta forma de actuar, esta paciencia estratégica, me ha enseñado que hay una belleza y una libertad en no necesitar siempre una gratificación. Es como si, al renunciar a la urgencia de obtener, hubiera encontrado algo mucho más duradero: un sentido de propósito que no depende de resultados inmediatos.

La paciencia estratégica no es solo una virtud pasiva; es una habilidad activa, una forma de enfoque que me permite ver más allá de la recompensa instantánea y valorar el proceso en sí mismo. Aprendí a preguntarme: "¿Qué estoy construyendo con esta elección, aun si no veo los resultados ahora?" Este simple acto de reflexión me permitió salir de la trampa de la gratificación inmediata y adoptar una visión más amplia, en la que cada elección, incluso las que parecen pequeñas o sin importancia, tiene un papel en el desarrollo de algo más grande.

Al final, la teoría de juegos conductual me mostró que el verdadero juego no siempre se gana en un movimiento espectacular o en una victoria rápida. A veces, el verdadero éxito está en la acumulación de decisiones silenciosas, en la construcción paciente y en la capacidad de confiar en que cada paso, cada elección sin recompensa, está sembrando algo que quizás no se vea en el momento, pero que tiene el poder de sostenernos cuando más lo necesitamos.

La paciencia estratégica se ha convertido en mi herramienta más valiosa, un recordatorio constante de que no todo lo valioso se revela de inmediato, y que la verdadera recompensa puede ser simplemente la paz de saber que estoy en el camino correcto, aunque el destino final aún no se vea.

Capítulo 36: La Fragilidad del Éxito y la Necesidad de Reajustar Constantemente el Rumbo

Hay una paradoja en el éxito que pocas veces reconocemos. Cuando finalmente alcanzamos una meta, experimentamos una mezcla de satisfacción y de incertidumbre, una especie de vacío que cuestiona lo que viene después. He experimentado esa sensación varias veces. Al conseguir algo que perseguí durante tanto tiempo, en lugar de la paz prometida, me encontraba preguntándome si era suficiente, si realmente lo merecía, y, más aún, si podría sostenerlo. En teoría de juegos, se plantea que cada jugador busca maximizar su recompensa, pero la teoría de juegos conductual me ha enseñado que el éxito en sí mismo trae consigo una vulnerabilidad inesperada: la **fragilidad de la estabilidad alcanzada**.

Recuerdo una ocasión en la que, después de un logro importante, en lugar de disfrutarlo, sentí una presión creciente por mantener ese nivel. Ya no era suficiente haber llegado hasta ahí; ahora me veía atrapado en la necesidad de demostrar, una y otra vez, que ese éxito no había sido un golpe de suerte, que era capaz de mantenerlo. Es una paradoja inquietante: cuanto más alcanzamos, mayor es el miedo de perderlo todo. Este fenómeno, conocido en la economía conductual como **aversión a la pérdida**, explica por qué tendemos a experimentar la pérdida como algo más doloroso que el placer de una ganancia equivalente. Cuando tenemos algo que valoramos, la idea de perderlo se convierte en una carga constante que tiñe nuestras decisiones.

A partir de esta realización, comencé a reflexionar sobre el valor de **reajustar las expectativas** después de alcanzar una meta. Lograr algo es solo una parte de la ecuación; la otra parte, igual de importante, es permitirnos redefinir el éxito, sin quedarnos atrapados en una versión fija de lo que significa. La economía conductual me enseñó que el verdadero éxito no está en mantenerse rígido, sino en tener la flexibilidad de adaptarse, de aceptar que los objetivos cambian, y que lo que fue satisfactorio ayer puede que no lo sea hoy. Aprender a soltar las expectativas que ya no sirven, incluso cuando las alcanzamos, se convirtió en una especie de liberación.

Comencé a aplicar una práctica que llamo **redefinir el éxito en ciclos**, en la que, después de alcanzar una meta, tomo un momento para reflexionar sobre lo que realmente significó y sobre lo que quiero que signifique en adelante. Esta práctica me permitió soltar la presión de sostener el éxito tal como lo concebí originalmente y me brindó la libertad de ajustar mis metas de acuerdo con mi crecimiento y mis nuevas perspectivas. En lugar de sentirme atrapado en una versión estática del éxito, este enfoque me dio un sentido de evolución constante, donde cada logro se convierte en una base para nuevos objetivos, en lugar de una carga que debo defender continuamente.

La economía conductual también me ayudó a entender el valor de **aceptar la impermanencia del éxito**. Al final, nada en la vida es completamente seguro ni permanente. Esta idea, que inicialmente puede generar miedo, se convirtió en una fuente de tranquilidad cuando comprendí que el verdadero valor no está en aferrarse a un éxito específico, sino en desarrollar la capacidad de adaptarse y de encontrar satisfacción en el proceso, independientemente de los altibajos. Al soltar el miedo a perder lo que había logrado, encontré una paz en la que la incertidumbre ya no era un enemigo, sino un compañero de camino.

Por supuesto, esto no significa que dejaría de valorar lo que había alcanzado, sino que aprendí a verlo de una manera diferente. Empecé a comprender que la clave está en **la resiliencia emocional**: en tener la fortaleza de aceptar que el éxito viene y va, pero que lo que realmente importa es la capacidad de seguir adelante, de reajustarse, de encontrar nuevas metas y nuevos significados. Es curioso cómo el éxito, que alguna vez pensé que me daría estabilidad, en realidad se convierte en una prueba de flexibilidad y adaptación.

Al final, la teoría de juegos conductual me mostró que, en la vida, el juego no termina al alcanzar una meta; simplemente cambia de forma. La verdadera habilidad está en saber navegar por esas transiciones, en encontrar la libertad para soltar cuando sea necesario y en redefinir continuamente lo que significa ganar, para que el éxito no sea una prisión, sino una puerta que se abre hacia nuevas oportunidades de crecimiento.

Capítulo 37: El Peso Invisible del Éxito y el Temor a Perder lo Ganado

Uno de los mayores desafíos que enfrenté tras alcanzar ciertos logros fue ese peso inesperado que viene con el éxito. Recuerdo cuando logré consolidar un proyecto que me llevó años de trabajo y sacrificio. Finalmente, estaba viendo los frutos de todo ese esfuerzo, las horas interminables, las renuncias. Sin embargo, en lugar de encontrarme disfrutando, experimenté algo totalmente diferente: una presión constante, un temor sutil y persistente de que todo aquello que había construido se derrumbara. El éxito, lejos de traerme la paz que tanto había imaginado, vino acompañado de una carga emocional inesperada. ¿Y si perdía todo? ¿Y si no podía sostener lo que había logrado?

Es curioso cómo nuestras mentes pueden transformar lo que debería ser un logro en una fuente de ansiedad. La teoría de juegos clásica nos diría que una vez alcanzada una meta, deberíamos estar satisfechos; pero la economía conductual nos muestra que los seres humanos solemos reaccionar de manera diferente cuando finalmente obtenemos algo valioso. **La aversión a la pérdida** nos convierte en guardianes celosos de aquello que, en otro momento, solo era un sueño. Ahora que lo teníamos, el simple pensamiento de perderlo nos pesaba más que el esfuerzo por lograrlo. Es como si el éxito se transformara en una posesión que debemos proteger, y con ello viniera la constante vigilancia, la duda y, sobre todo, el temor a que algo o alguien pueda arrebatárnoslo.

Para mí, esa sensación se manifestaba en una vigilancia que me impedía descansar. Empecé a dudar de mis propias decisiones, incluso de aquellas que me habían llevado al éxito en primer lugar. Era como si el logro en sí mismo hubiera alterado mi percepción de riesgo; lo que antes me parecía una oportunidad clara, ahora estaba teñido de dudas. Recuerdo estar en reuniones, con un proyecto en crecimiento, y pensar en cada palabra que decía, en cada gesto. Cualquier error mínimo parecía una amenaza, un paso en falso que podría desmoronar todo lo construido. La economía conductual explica esto con el concepto de **efecto de anclaje emocional**: cuando tenemos algo de mucho valor, ese objeto o logro se convierte en una referencia fija, y cualquier cambio parece alejarnos de esa "seguridad" que pensamos haber alcanzado.

Un ejemplo claro de este fenómeno fue cuando empecé a tomar decisiones que, en retrospectiva, fueron demasiado conservadoras. Mientras construía mi proyecto, arriesgaba sin dudar, tomaba decisiones audaces porque sentía que no tenía nada que perder. Pero cuando el proyecto finalmente tomó forma y empezó a dar frutos, sentí que debía protegerlo, asegurarme de que ningún movimiento inesperado lo pusiera en peligro. En lugar de actuar con la misma confianza que me había llevado hasta ahí, comencé a cuestionar cada decisión, a evitar riesgos y, en cierta forma, a ser demasiado cuidadoso. La ironía era que, en mi intento de proteger el proyecto, estaba frenando su crecimiento. **La paradoja de la conservación del éxito**: cuanto más tratamos de preservar algo, más podemos sofocarlo.

Para lidiar con este temor, intenté una práctica que me ayudó a reconectar con el propósito inicial del proyecto. Lo llamo **volver al origen**. En momentos de duda o de presión por mantener el éxito, me obligaba a recordar por qué había comenzado en primer lugar, qué era lo que realmente me motivaba. Este ejercicio me permitía recordar que el éxito no estaba solo en el resultado, sino en la visión que me había movido desde el inicio. Empecé a comprender que la satisfacción verdadera no residía en el hecho de mantener lo que había logrado intacto, sino en permitirme seguir evolucionando, en darme la libertad de arriesgar y de crecer, incluso si eso significaba correr el riesgo de perder parte de lo construido.

Sin embargo, esta transición no fue fácil. Hubo momentos en los que me encontraba debatiendo conmigo mismo, tratando de soltar esa necesidad de protección sin sentir que estaba traicionando mi esfuerzo. La economía conductual plantea que este miedo a perder es especialmente fuerte cuando sentimos que el éxito es frágil, cuando internamente creemos que todo podría desaparecer con un solo error. Me di cuenta de que, en realidad, el éxito no se sostiene por permanecer en una posición, sino por la capacidad de adaptarse y de confiar en las habilidades que me llevaron a conseguirlo en primer lugar. Este cambio de mentalidad fue liberador, pero también desafiante; era un proceso constante de desapego, de recordar que el verdadero logro no estaba en mantener el éxito en una caja de cristal, sino en darle espacio para crecer y transformarse.

Un día, tomé una decisión que, en otro momento, hubiera considerado arriesgada: aceptar una colaboración que implicaba ceder un poco de control en el proyecto. Al principio, sentía esa tensión interna, esa resistencia del ego que decía: "Esto podría ser un error". Pero recordé mi intención de soltar la presión de la conservación y de apostar por la evolución. Acepté la colaboración, y ese movimiento, que parecía arriesgado, terminó siendo una de las mejores decisiones para el proyecto. Aprendí que soltar no es lo mismo que descuidar; soltar es una muestra de confianza en uno mismo, una apertura al cambio y una disposición a dejar que el éxito sea flexible, que respire, que se adapte.

La teoría de juegos conductual me enseñó que a veces la mejor estrategia no es mantener el control absoluto, sino tener la seguridad de que lo que se ha construido puede sostenerse y evolucionar con los cambios. Este nuevo enfoque, esta capacidad de aceptar la fragilidad del éxito, me liberó de la carga de la vigilancia constante y me permitió disfrutar del proceso de una forma que antes no había experimentado. Entendí que el éxito no está en perpetuar un resultado, sino en la habilidad de transformarse con el tiempo, de aceptar los altibajos como parte de la dinámica natural de cualquier logro.

En lugar de verlo como una posesión que podía perder, el éxito se convirtió en una base, en un lugar desde el cual podía seguir creciendo sin miedo.

Capítulo 38: Mirando al Futuro: La Evolución del Éxito y el Juego de las Decisiones Inciertas

Con el tiempo, empecé a ver el éxito como algo dinámico, un estado que no se fija en un momento de triunfo sino que fluye con las decisiones que tomamos. Entender esto me ha permitido replantearme mi relación con el futuro. A diferencia del pasado, que puedo analizar con claridad, el futuro se extiende como un terreno incierto, lleno de posibilidades que pueden intimidar o inspirar, dependiendo de cómo las elija ver. Reflexionando sobre los próximos pasos, me doy cuenta de que la teoría de juegos conductual no solo me ha enseñado a ver el éxito y las decisiones de una manera más humana y compleja, sino que también me ha dado las herramientas para navegar la incertidumbre con mayor apertura y menos rigidez.

Pienso en los próximos años y me pregunto: ¿cuánto de mi vida está condicionado por las decisiones de hoy? En la teoría de juegos, cada jugada depende de la anterior, pero también abre nuevas opciones que, a su vez, modifican el rumbo. En este sentido, el éxito no es un punto de llegada, sino una serie de puntos que se conectan, una sucesión de momentos en los que cada decisión amplía o cierra caminos. Con esta visión en mente, me pregunto qué significa realmente "ganar" en el futuro, y me doy cuenta de que el concepto de éxito ha cambiado profundamente para mí. No se trata de un lugar al que llegar, sino de la habilidad de navegar los cambios con flexibilidad y confianza.

Algo que tengo claro es que, en los años venideros, quiero explorar el camino de la **curiosidad estratégica**. Me doy cuenta de que, cuando nos enfrentamos a lo incierto, la curiosidad es una herramienta que nos permite adaptarnos sin miedo, acercarnos a lo desconocido con interés y no con ansiedad. La teoría de juegos conductual me ha mostrado que la curiosidad puede ser tan poderosa como la preparación, porque abre nuestra mente a alternativas que tal vez de otra manera no veríamos. En lugar de anticipar cada paso, quiero aprender a vivir en el equilibrio entre lo planificado y lo inesperado, permitiéndome improvisar cuando el camino tome giros imprevistos.

Pienso en cómo quiero afrontar las oportunidades futuras. Más que buscar el máximo beneficio en cada decisión, siento que el reto es encontrar satisfacción en la adaptabilidad, en la disposición a cambiar de rumbo si las circunstancias lo exigen. La economía conductual me enseñó sobre el **valor de la adaptación consciente**: la capacidad de reevaluar nuestras metas y redirigir nuestro esfuerzo sin sentir que estamos retrocediendo o perdiendo algo. En el futuro, quiero que cada decisión sea una invitación a evolucionar, una oportunidad de redefinir el éxito en función de las nuevas realidades que encuentre.

Este enfoque me lleva también a replantearme mi relación con el riesgo. Al mirar hacia el futuro, sé que los mayores aprendizajes y satisfacciones de mi vida han surgido de momentos de incertidumbre. En lugar de ver el riesgo como algo que amenaza lo que ya tengo, quiero verlo como una oportunidad para expandir lo que aún puedo lograr. **El riesgo estratégico** es otro de los conceptos que aprendí de la teoría de juegos conductual, donde el miedo a perder cede paso a la confianza en la capacidad de aprender de cada experiencia. Quiero abrazar el riesgo no como un obstáculo, sino como un recurso que enriquece el camino, que me invita a explorar límites y a descubrir nuevas facetas de mí mismo.

Visualizo el futuro también como un espacio para **construir conexiones auténticas**. En este juego infinito de decisiones y logros, me doy cuenta de que las relaciones que construimos a lo largo del camino son tan importantes como los logros individuales. La teoría de juegos conductual me enseñó que la colaboración y la reciprocidad no solo fortalecen nuestras posiciones, sino que nos ayudan a crear una red de apoyo que, en momentos de incertidumbre, se convierte en un pilar. Quiero dedicar tiempo y energía a cultivar relaciones basadas en confianza y respeto, sabiendo que esos vínculos pueden transformar cualquier desafío en una oportunidad compartida. Las metas se sienten más alcanzables cuando estamos rodeados de personas que nos impulsan a ser mejores.

Al final, mi visión para el futuro se centra en un concepto simple pero poderoso: la **libertad de redefinir el éxito tantas veces como sea necesario**. En lugar de anclarme en una única idea de éxito, quiero tener la flexibilidad para adaptarme a mis propios cambios internos y a las circunstancias externas que, inevitablemente, me empujarán en direcciones inesperadas. Acepto que no tengo el control absoluto de lo que viene, y en eso encuentro la libertad de experimentar y de ser yo mismo, en cada etapa y cada decisión.

Este es el juego del futuro: navegar la incertidumbre con la convicción de que cada paso, cada elección, está construyendo una historia que es solo mía.

Capítulo 39: La Teoría de los Juegos Repetidos y la Construcción de una Vida con Propósito

Al mirar hacia el futuro y reflexionar sobre los logros y aprendizajes del pasado, me doy cuenta de que, en la vida, muchas decisiones no son eventos únicos, sino patrones que se repiten. En teoría de juegos, existe el concepto de **juegos repetidos**, que se refiere a aquellas interacciones que se presentan una y otra vez, donde cada decisión afecta el futuro de las siguientes jugadas. En este tipo de juegos, los jugadores no solo buscan ganar en el corto plazo, sino también construir una reputación, establecer relaciones duraderas y generar confianza. Esta idea resonó en mí profundamente, pues veo cómo nuestras elecciones diarias, las que parecen pequeñas y sin trascendencia, pueden ser la base de una vida con propósito y significado.

Al vivir cada decisión como un juego repetido, uno se da cuenta de que el comportamiento de hoy siembra el terreno para las oportunidades del mañana. Por ejemplo, la honestidad en una negociación o la empatía en una interacción no son solo decisiones éticas, sino estrategias a largo plazo que fortalecen las relaciones y nos permiten construir una red de apoyo a través del tiempo. Aprendí que el juego repetido implica una visión en la que cada paso, cada interacción, es una inversión en un futuro de confianza y de colaboración. Es como un ciclo que, al repetirse, nos permite reafirmar nuestras intenciones y definirnos a través de nuestras acciones.

Reflexionando sobre el impacto de esta teoría en mi vida, empecé a ver las relaciones y los compromisos como algo más profundo que meros intercambios. Cada palabra, cada promesa cumplida, era una manera de consolidar una red de confianza que, en última instancia, hacía que cada decisión no fuera un salto al vacío, sino un paso apoyado en los lazos construidos con el tiempo. La teoría de juegos repetidos me mostró que, en realidad, el verdadero éxito está en la constancia y en la coherencia; en ser capaces de elegir repetidamente los valores que queremos que guíen nuestra vida. Esta idea de repetición y de acumulación de confianza me ayudó a ver mis relaciones y mis proyectos a largo plazo con una perspectiva de paciencia y propósito.

En el ámbito de mis proyectos, esta visión de los juegos repetidos me enseñó a enfocarme menos en los resultados inmediatos y a darle mayor valor a la perseverancia. En el pasado, era común que quisiera ver el impacto inmediato de mis esfuerzos, que buscara resultados rápidos como validación de mi trabajo. Pero con el tiempo, aprendí que los proyectos de valor requieren dedicación continua y que su éxito depende tanto de las grandes decisiones como de los pequeños detalles. Al ver cada día como una oportunidad para construir sobre lo anterior, desarrollé una perspectiva de progreso gradual que me permitió disfrutar del proceso en lugar de solo centrarme en el resultado final.

Un aspecto clave en los juegos repetidos es la **reputación**. En este tipo de juegos, los jugadores saben que sus decisiones actuales afectarán la forma en que serán percibidos en el futuro. La economía conductual revela que esta conciencia de la reputación nos impulsa a ser más consistentes y confiables, porque entendemos que, en un juego que se repite, cada acción suma o resta a la percepción que otros tienen de nosotros. Empecé a ver cómo esto se aplicaba en mi vida; comprendí que, al actuar con integridad y coherencia, estaba construyendo una reputación que no solo beneficiaría mis relaciones, sino que también me daría la libertad de actuar sin temor a ser malinterpretado. Mi palabra y mis acciones se volvieron reflejo de mis valores, una constancia que me brindaba estabilidad y paz.

Otro concepto poderoso que aprendí de los juegos repetidos fue el valor de la **reciprocidad a largo plazo**. En juegos de interacción continua, la reciprocidad no es una reacción inmediata, sino un flujo que se construye y se mantiene a través de múltiples encuentros. Reflexioné sobre esto en mis relaciones personales y profesionales, y me di cuenta de que, en muchas ocasiones, había esperado reciprocidad inmediata, sin darle tiempo al otro para responder. Aprendí a practicar una reciprocidad que no exige resultados rápidos, sino que entiende que el verdadero intercambio se da en la suma de todas las interacciones. Esta visión me liberó de la urgencia de obtener reconocimiento o gratitud inmediata, permitiéndome dar sin esperar una recompensa instantánea.

Mirando hacia el futuro, me doy cuenta de que el juego de la vida es, en esencia, un juego repetido. No basta con tomar una buena decisión una vez; el verdadero desafío es ser capaces de elegir nuestros valores y principios repetidamente, en cada interacción, en cada proyecto. La teoría de juegos conductual me ha ayudado a entender que el éxito en la vida no se mide en logros aislados, sino en la coherencia con la que vivimos y en la capacidad de construir relaciones de confianza y respeto a lo largo del tiempo. Me siento en paz al pensar que cada pequeña elección, cada acto de generosidad o de paciencia, es una inversión en un futuro donde el verdadero valor está en la red de lazos que construimos y en la reputación que dejamos como legado.

Capítulo 40: Epílogo - Jugar el Juego de la Vida con Humildad, Curiosidad y Propósito

Al llegar al final de este viaje de reflexiones, siento que he alcanzado una nueva comprensión de mi vida y de cómo he llegado hasta aquí. La teoría de juegos conductual ha sido algo más que una herramienta de análisis; se ha convertido en una brújula, una manera de entender no solo lo que hago, sino el porqué detrás de cada decisión. Pero incluso ahora, con todo lo que he aprendido, reconozco que estas lecciones no son un destino final, sino un punto de partida para un camino que seguirá transformándose, sorprendiéndome y, tal vez, desafiándome a mantener la apertura y la curiosidad.

La vida, después de todo, es un tablero que no se fija en un solo esquema, un juego donde las reglas cambian y las oportunidades aparecen de formas inesperadas. No existe una estrategia única que asegure la victoria, porque no hay una única manera de medir el éxito o de definir lo que realmente vale la pena. La teoría de juegos conductual me ha enseñado que el éxito y la satisfacción no están en resultados absolutos, sino en el compromiso con el proceso, en la capacidad de adaptarse y de encontrar sentido en cada momento, sin importar cuán caótico o incierto pueda parecer.

Reflexiono sobre el camino que me ha traído hasta aquí, sobre los momentos de triunfo y los de duda, y veo cómo cada experiencia, incluso las aparentemente insignificantes, han construido el mosaico de mi vida. La teoría de juegos clásica me había enseñado a ver el mundo en términos de ganadores y perdedores, de movimientos racionales que maximizan los beneficios. Pero la teoría de juegos conductual me mostró que la vida real es mucho más rica y compleja, que las emociones, las conexiones y los valores profundos son fuerzas que guían nuestras decisiones de una manera que no siempre se puede medir. Comprender esto ha sido liberador, porque ya no siento la necesidad de actuar siempre de manera perfecta o de buscar resultados inmediatos. Puedo permitirme el lujo de la paciencia, de la reflexión y de la autenticidad en cada decisión.

Al mirar hacia el futuro, reconozco que no tengo todas las respuestas. Y quizás esa sea una de las lecciones más importantes que he aprendido: **aceptar la incertidumbre como una constante** y no como algo a vencer. En un juego en el que el tablero cambia con cada movimiento, la habilidad más valiosa no es predecir cada detalle, sino estar dispuesto a ajustarse, a redirigir el rumbo y, sobre todo, a no aferrarse a una versión rígida de lo que significa ganar. La teoría de juegos conductual me ha dado la humildad para aceptar que no siempre puedo anticipar los resultados, y que, a veces, lo mejor que puedo hacer es mantenerme abierto, con los ojos y el corazón listos para aprender de cada paso, incluso de aquellos que no salen como planeé.

Uno de los mayores desafíos que anticipé al escribir estas reflexiones fue darme cuenta de que en la vida no siempre tenemos un rival claro, una oposición a vencer o un objetivo fijo. A menudo, el verdadero desafío somos nosotros mismos: nuestras dudas, nuestros miedos, nuestros anhelos más profundos. La teoría de juegos conductual me mostró que, en muchos casos, el juego más complejo es el que se libra internamente, el juego en el que nos enfrentamos a nuestras propias contradicciones, en el que tratamos de equilibrar nuestras aspiraciones con nuestras limitaciones, en el que buscamos paz en un mundo de constantes cambios.

A medida que me adentro en esta visión más amplia, me doy cuenta de que lo que más valoro no es solo la capacidad de tomar decisiones estratégicas, sino también la habilidad de vivir con **intención y propósito**. La economía conductual me enseñó que nuestras elecciones, incluso las más pequeñas, tienen el poder de construir o deshacer el significado de nuestra vida. Cada gesto de generosidad, cada acto de humildad, cada momento de paciencia, cada decisión de perdonar o de perseverar, son ladrillos que construyen el legado que dejamos. Y ese legado no está hecho de grandes victorias, sino de pequeños actos de coherencia, de la capacidad de ser fieles a lo que somos incluso cuando la vida nos presenta dificultades y desvíos.

Uno de los aspectos más transformadores de la teoría de juegos conductual ha sido aprender a ver cada decisión como un acto de creación de sentido. No se trata solo de ganar o perder, sino de vivir de manera que nuestras elecciones nos reflejen auténticamente. La verdadera victoria, en última instancia, no está en superar a los demás o en acumular logros externos, sino en vivir en paz con nuestras decisiones, en sentir que cada paso que damos está alineado con nuestros valores y con nuestra visión de lo que es significativo. Esto no significa que no habrá errores o momentos de duda, sino que, al final, lo importante es vivir en coherencia con nuestra esencia.

Al contemplar lo que viene, quiero mantener esta visión de **curiosidad constante**. Quiero seguir aprendiendo, creciendo, cuestionando, permitiéndome cambiar cuando sea necesario. La curiosidad es una fuerza que nos mantiene vivos, que nos impulsa a ver el mundo con ojos nuevos y a descubrir en cada experiencia una lección, un aprendizaje. En lugar de temer la incertidumbre, quiero verla como una invitación a explorar, a descubrir nuevas facetas de mí mismo y a aceptar que, en el juego de la vida, cada movimiento nos muestra algo valioso sobre quienes somos y quienes podemos llegar a ser.

Me doy cuenta, también, de la importancia de la **humildad** en este proceso. La teoría de juegos conductual me enseñó que no siempre tendremos todas las respuestas, y que la rigidez es, en última instancia, una trampa que nos impide crecer. La humildad me permite aceptar mis errores, aprender de ellos y reconocer que cada decisión tiene matices, que no todo se puede medir en términos de éxito o fracaso, sino en términos de lo que nos enseña y de cómo nos ayuda a ser mejores. Esta humildad no es un signo de debilidad; es una fortaleza, una disposición a adaptarse y a evolucionar que nos permite construir una vida rica en significado.

En este punto, ya no busco un final perfecto, un desenlace claro o una meta definida. El juego de la vida, en su naturaleza infinita, me ha enseñado que lo importante no es el punto de llegada, sino el viaje en sí mismo. Es la disposición a avanzar, a tropezar y a levantarse, a construir y reconstruir, a amar, a crear, a perder y a ganar. Es, en última instancia, la decisión de vivir con propósito, con autenticidad y con un corazón abierto a lo que el futuro tenga que ofrecer.

Quiero vivir sabiendo que cada decisión, cada paso, forma parte de un juego más grande, un juego que no siempre puedo controlar, pero que puedo jugar con integridad, con compasión y con un sentido de gratitud. Que al final, cuando mire hacia atrás, vea no solo una serie de logros o fracasos, sino una vida vivida plenamente, en la que cada momento, cada elección y cada relación hayan contribuido a una historia de crecimiento y de autenticidad.

Este es el verdadero juego de la vida: un juego en el que no importa tanto la perfección de cada movimiento, sino el compromiso de vivir cada instante con humildad, curiosidad y un propósito profundo.

Epílogo: Vivir el Juego de la Vida

Al llegar a este punto final, no puedo evitar una sensación de calma y claridad que nunca antes había experimentado. Todo este recorrido, estas reflexiones y descubrimientos sobre la teoría de juegos conductual y su aplicación en mi vida me han mostrado que, más allá de ganar o perder, vivir es en sí mismo un acto de exploración y aprendizaje constante. He aprendido que el verdadero propósito de cada decisión no está en alcanzar una meta fija, sino en entenderme a mí mismo y en construir una vida que, al mirarla en retrospectiva, sea digna de haber sido vivida con integridad y profundidad.

Veo ahora que la vida no es un tablero con un solo camino, sino un terreno infinito donde cada elección abre nuevas posibilidades, donde cada paso se convierte en una bifurcación llena de misterios. Las estrategias y juegos que exploré no son respuestas definitivas, sino herramientas que me ayudan a orientarme en medio de la incertidumbre. Y esta incertidumbre, que alguna vez me intimidaba, se ha convertido en una especie de aliado, en una constante que me recuerda que no importa cuántas veces haya caído o cuántos logros haya alcanzado; siempre habrá más por descubrir, más por aprender y más por experimentar.

La teoría de juegos conductual me enseñó a aceptar mis propias limitaciones, a entender que, en la vida, no siempre actuaremos con una lógica perfecta y que nuestras decisiones son una mezcla de emociones, aspiraciones y contradicciones. Esto me dio la libertad de dejar de perseguir la perfección y de empezar a vivir con autenticidad. Ahora entiendo que mis errores y mis dudas son parte de mi historia, que no son obstáculos que deban ser eliminados, sino lecciones que enriquecen el camino. La economía conductual me enseñó que, en la vida, cada jugada tiene su valor, incluso aquellas que, en el momento, parecieron fracasos.

A medida que avanzo, reconozco que la verdadera paz viene de aceptar este juego continuo sin necesidad de controlarlo todo. He aprendido que la sabiduría no está en conocer todas las respuestas, sino en mantenerme abierto a cada nuevo capítulo, a cada cambio y a cada desafío. Al final, vivir es un acto de equilibrio, de sostener las expectativas sin aferrarse a ellas, de planificar sin quedar atrapado en el plan, y de construir sin miedo a reconstruir si las circunstancias lo requieren.

Hoy me siento en paz con la idea de no tener certezas absolutas. La vida, después de todo, es un juego que no siempre tiene un resultado claro o definitivo, y eso está bien. Lo importante es que, en cada momento, actué con lo mejor de mí, que cada decisión fue una expresión de lo que soy y de lo que creo. A través de la teoría de juegos conductual, he aprendido que el verdadero éxito no está en alcanzar un punto final, sino en la coherencia de vivir fiel a uno mismo, en construir una historia de la que me sienta orgulloso, no porque haya sido perfecta, sino porque fue auténtica.

Que al final de todo, cuando mire hacia atrás, vea no solo los logros, sino los momentos de duda y las pequeñas decisiones que parecieron no tener importancia pero que, unidas, formaron un camino de propósito y de significado. La vida es el juego más complejo y fascinante que jamás jugaré, y me siento agradecido de poder experimentarlo, de poder equivocarme y de poder aprender de cada paso.

Este es el verdadero legado que quiero dejar: una vida vivida con intención, con humildad y con una curiosidad inagotable. Un camino que, aunque no siempre fue fácil, fue honesto y genuino. Al cerrar este libro, sé que mi historia aún continúa y que cada día es una nueva jugada en este tablero infinito. Que este epílogo sea un recordatorio de que, al final, el verdadero juego de la vida no se trata de ganar o perder, sino de haber vivido con propósito, con amor y con un espíritu dispuesto a descubrir, una y otra vez, la esencia de lo que significa estar vivo.

pág. 129

www.ingramcontent.com/pod-product-compliance
Lightning Source LLC
Chambersburg PA
CBHW071514220526
45472CB00003B/1030